이란어 입문

زبان فارسی مقدماتی

이란어 입문

김영연 · 곽새라

HU:iNE

머리말

이란의 핵협상이 타결된 후, 국제사회에 복귀한 이란은 그동안 한국과의 교류와 관계를 바탕으로 더욱 군건히 미래를 이어갈 우방국으로 세계무대에 등장하였다. 중동의 블루오션으로 일컬어지는 이란은 말 그대로 다양한 분야, 특히 경제와 문화적인 측면에서 우리에게 많은 결과물을 기대할 수 있는 나라이다. 이러한 기대를 가지고 이란과의 협력과 관계를 지속적으로 이어갈 수 있는 우리들의 기본적인 태도는 우선 이란인들의 인식과 문화를 이해하는 것이다. 이란 국민들은 고대 페르시아 제국으로부터 이어져 온 찬란한 역사와 문화를 비롯하여 그들의 언어에 큰 자긍심을 가지고 있는 민족이기도 하다. 이러한 배경은 자국의 언어를 구사하는 외국인에 대한 호감도로 가늠할 수 있다.

이 책은 2016년 한국외국어대학교 동양어대학 8개 학과의 8개 언어에 대한 외국어 학습의 능률을 효과적으로 높이고 앱 교재와 연계한 학습서 저작으로 기획된 이란(페르시아)어 교재이다. 본서의 구성은 이란어 초보 학습자를 위한 과정으로 알파벳 쓰기부터 일상적인 대화에서 활용할 수 있는 내용을 상황별 대화형식으로 본문을 구성하고, 그에 따른 문법을 설명하였다. 본문의 듣기에서는 구어체 발음으로 배정하였다. 이란어는 문어와 구어가 존재하는데, 일상회화는 문어와 다소 차이가 있게 활용되는 구어활용의 언어적인 환경을 중시하여 제시하였다. 또한 연습문제를 통해 학습정도를 확인하고 그 효과를 높이도록 구성하였다.

이 책이 이란어 전공자 뿐 아니라 이란과의 비즈니스 및 이란에 대한 관심을 가진 독학자들에게 도움이 된다면 더 큰 기쁨은 없을 것이다.

2016년 6월

저자 일동

목 차

زبان فارسی مقدماتی

1

이란어의 알파벳

[학습목표] 알파벳 쓰기

1. 알파벳의 쓰기

이란어의 알파벳은 아랍어 알파벳 28자에 순수한 이란어 알파벳 4자(پ, چ, ژ, گ)를 더한 총 32개로 이루어진다.

순번	명칭		단독형	처음형	중간형	마지막형	발음
1	اَلِف	alef	ا	ا...	...ـا...	...ـا	/a, e, o, ā/
2	بِ	be	ب	بـ...	...ـبـ...	...ـب	/b/
3	پِ	pe	پ	پـ...	...ـپـ...	...ـپ	/p/
4	تِ	te	ت	تـ...	...ـتـ...	...ـت	/t/
5	ثِ	se	ث	ثـ...	...ـثـ...	...ـث	/s/
6	جیم	jim	ج	جـ...	...ـجـ...	...ـج	/j/
7	چِ	che	چ	چـ...	...ـچـ...	...ـچ	/ch/
8	حِ	he	ح	حـ...	...ـحـ...	...ـح	/h/
9	خِ	khe	خ	خـ...	...ـخـ...	...ـخ	/kh/

순번	명칭		단독형	처음형	중간형	마지막형	발음
10	دال	dāl	د	د...	...ـد ...	...ـد	/d/
11	ذال	zāl	ذ	ذ...	...ـذ ...	...ـذ	/z/
12	رِ	re	ر	ر...	...ـر ...	...ـر	/r/
13	زِ	ze	ز	ز...	...ـز ...	...ـز	/z/
14	ژِ	zhe	ژ	ژ...	...ـژ ...	...ـژ	/zh/
15	سین	sin	س	سـ...	...ـسـ...	...ـس	/s/
16	شین	shin	ش	شـ...	...ـشـ...	...ـش	/sh/
17	صاد	sād	ص	صـ...	...ـصـ...	...ـص	/s/
18	ضاد	zād	ض	ضـ...	...ـضـ...	...ـض	/z/
19	طا	tā	ط	طـ...	...ـطـ...	...ـط	/t/
20	ظا	zā	ظ	ظـ...	...ـظـ...	...ـظ	/z/
21	عِین	‘ein	ع	عـ...	...ـعـ...	...ـع	/ ‘ /
22	غِین	ghein	غ	غـ...	...ـغـ...	...ـغ	/gh/
23	فِ	fe	ف	فـ...	...ـفـ...	...ـف	/f/
24	قاف	qāf	ق	قـ...	...ـقـ...	...ـق	/q/
25	کاف	kāf	ک	کـ...	...ـکـ...	...ـک	/k/
26	گاف	gāf	گ	گـ...	...ـگـ...	...ـگ	/g/
27	لام	lām	ل	لـ...	...ـلـ...	...ـل	/l/
28	میم	mim	م	مـ...	...ـمـ...	...ـم	/m/
29	نون	nun	ن	نـ...	...ـنـ...	...ـن	/n/
30	واو	vāv	و	و...	...ـو ...	...ـو	/v, o, u/
31	هِ	he	ه	هـ...	...ـهـ...	...ـه	/h/
32	یِ	ye	ی	یـ...	...ـیـ...	...ـی	/y, i/

2. 이란어 쓰기의 특징

1) 모든 문자는 오른쪽에서 왼쪽으로 연결하여 쓴다. 단, 숫자는 왼쪽에서 오른쪽으로 쓴다.
2) 32개의 문자 중 7개의 비연결형 문자(ا, د, ذ, ر, ز, ژ, و)는 오른쪽에 오는 문자와는 연결하고, 왼쪽에 오는 문자와는 분리한다.
3) 모든 문자는 기준선의 위, 아래 또는 기준선에 걸쳐서 쓴다.
4) 모든 문자는 위치하는 자리에 따라 처음, 중간, 마지막형과 단독형을 가진다.
5) 쓰기의 순서는 문자들을 먼저 연결하여 쓰고, 나중에 점을 찍는다.

3. 알파벳 쓰기

1) ا (alef)

이 문자는 처음형과 단독형은 위에서 아래로, 중간형과 마지막형은 아래에서 위로 쓴다. alef의 또 다른 형태인 آ는 ا + ا가 결합한 형태로 앞의 ا는 자음, 뒤의 ا는 모음 역할을 하여 장모음 /ā/ (한국어로/어/의 음가)의 소리를 내고, 어두에 오게 된다.

---ا-ا-ا---

2) ب (be) پ (pe) ت (te) ث (se)

이 문자들은 기준선에 걸쳐서 쓴다. 기본형은 같고, 점의 위치와 개수에 의해 구별된다.

---ببب---

---پپپ---

---تتت---

---ثثث---

3) ج (jim)　　چ (che)　　ح (he)　　خ (khe)

이 문자들은 기준선을 중심으로 위, 아래에 걸쳐지고, 둥근 부분은 기준선 아래에 쓴다. 기본형은 같고, 점의 위치와 개수에 의해 구별된다.

---ججج---

---چچچ---

---ححح---

---خخخ---

4) د (dāl)　　ذ (zāl)

이 문자들은 기준선을 중심으로 위, 아래에 걸쳐서 쓴다. 단, 다른 문자와 연결되는 경우는 기준선 위에 쓰기도 한다. 또한, 점의 개수에 의해 구별된다.

---د-د-د---

---ذ-ذ-ذ---

5) ر (re) ز (ze) ژ (zhe)

이 문자들은 기준선 아래에 치우쳐서 쓴다. 단, 점은 기준선 위에 찍는다. 기본형은 같고, 점의 개수에 의해 구별된다.

---ر-ر-ر---

---ز-ز-ز---

---ژ-ژ-ژ---

6) س (sin) ش (shin) ص (sād) ض (zād)

이 문자들은 앞부분은 기준선의 위에 쓰고, 뒷부분은 기준선 아래에서 기준선을 향해 둥글게 쓴다. 또한, 점의 개수에 의해 구별된다.

---سسس---

---ششش---

---صصص---

---ضضض---

7) ط (tā) ظ (zā)

이 문자들은 기준선의 위에 쓴다. 또한, 점의 개수에 의해 구별된다.

---ططط---

---ظظظ---

8) ع ('ein) غ (ghein)

이 문자들은 기준선 위, 아래에 걸쳐 쓴다. 기본형은 같고, 점에 의해 구별된다.

---ععع---

---غغغ---

9) ف (fe) ق (qāf)

ف 는 기준선에 걸쳐 위에 쓴다. ق 는 기준선 위, 아래에 걸쳐 쓴다.

---ففف---

---ققق---

10) ک (kāf) گ (gāf)

이 문자들은 기준선의 위에 쓴다. 기본형은 동일하나, 한 획으로 문자가 구별된다.

---ککک---

---گگگ---

11) ل (lām)

이 문자는 처음과 중간형은 기준선을 중심으로 위에 쓰며, 단독형과 마지막형은 둥근 부분을 기준선 아래에 쓴다.

---للل---

12) م (mim)

이 문자는 앞의 둥근 부분은 기준선 위, 또는 아래에 쓸 수 있다. 나머지 부분은 기준선 아래에 내려쓴다.

---ممم---

13) ن (nun)

이 문자는 ب, پ, ت, ث 의 기본형과 같고, 하나의 점을 위에 쓴다. 단, 단독형과 마지막형은 기준선 아래에 쓴다.

---ننن---

14) و (vāv)

이 문자는 기준선의 위, 아래에 걸쳐 쓴다.

---و-و-و---

15) ه (he)

이 문자는 처음, 마지막형과 단독형은 기준선 위에 쓰고, 중간형은 기준선 위, 아래에 걸쳐 쓴다.

---ههه---

16) ی (ye)

이 문자는 ب ,پ ,ت ,ث 의 기본형과 같고, 기준선 아래에 점 두개를 쓴다. 단, 마지막형은 기준선의 아래에 쓴다.

---ییی---

연습문제

1. 다음 문자의 이름을 쓰고, 처음, 중간, 마지막형을 연결하여 쓰시오.

1) ج

2) ی

3) ع

4) ق

5) ه

6) و

7) ص

8) ن

9) ش

10) ب

2. 다음 문자들을 연결하여 쓰시오.

1) س + ت + ا + ر + ه =

2) ح + ی + ا + ط =

3) چ + پ =

4) ا + ی + ر + ا + ن =

5) م + د + ا + د =

6) ع + ی + ن + ک =

7) ب + ی + ن + ی =

8) و + ی + ژ + ه =

9) ر + و + س + ر + ی =

10) ف + ص + ل =

2

이란어의 자음과 모음

[학습목표] 알파벳의 음가, 음절구성

1. 알파벳의 음가

알파벳은 전부 자음의 기능을 하며, 세 문자(ا, و, ی)는 모음의 역할도 한다. 단, 음은 동일하지만 아래와 같이 모양이 다른 문자가 있다. 따라서 이를 동음이형의 문자라 한다.

1) /t/ : ت, ط
2) /s/ : ث, س , ص
3) /h/: ح , ه
4) /z/: ذ , ز , ض , ظ

순번	알파벳	음가	순번	알파벳	음가
1	ا	/a, e, o, ā[1)]/	17	ص	/s/
2	ب	/b/	18	ض	/z/
3	پ	/p/	19	ط	/t/
4	ت	/t/	20	ظ	/z/
5	ث	/s/	21	ع	/ ‘ /
6	ج	/j/	22	غ	/gh/
7	چ	/ch/	23	ف	/f/
8	ح	/h/	24	ق	/q/
9	خ	/kh[2)]/	25	ک	/k/
10	د	/d/	26	گ	/g/
11	ذ	/z/	27	ل	/l/
12	ر	/r/	28	م	/m/
13	ز	/z/	29	ن	/n/
14	ژ	/zh/	30	و	/v, o, u/
15	س	/s/	31	ه	/h/
16	ش	/sh/	32	ی	/y, i/

1) ا 가 자음의 역할을 할 경우, 한국어의 이응으로 활용하면 된다.

2) 독일어 Ich의 ch와 유사한 발음이다.

2. 모음부호

부호로 표시되는 모음은 단모음으로 분류된다. 부호는 아래와 같다. 단, 모음부호는 생략되는 것이 일반적이다.

모음부호	명칭		발음
◌َ	فَتحه	fathe	/a/
◌ِ	کَسره	kasre	/e/
◌ُ	ضَمّه	zamme	/o/

3. 음절구성

어말의 자음은 두 개까지 연이어 올 수 있다.

1) 자음 + 모음 (C+V)

예)	با	/bā/	...와 함께
	تا	/tā/	...까지, ...개(셈의 단위)
	بو	/bu/	냄새, 향기

2) 자음 + 모음 + 자음 (C+V+C)

예)	دِل	/del/	마음, 심장
	خوب	/khub/	좋은
	گُل	/gol/	꽃

3) 자음 + 모음 + 자음 + 자음 (C+V+C+C)

예)	پُست	/post/	우편, 지위
	تَخت	/takht/	침대, 왕좌
	ظَرف	/zarf/	식기, 그릇

연습문제

1. 다음의 음가를 쓰시오.

1) بُ
2) فَ
3) مِ
4) یِ
5) رَ
6) جَ
7) خُ
8) کِ
9) لَ
10) ضِ

2. 다음 단어의 음가를 쓰시오.

1) آب
2) خوب
3) تا
4) دِل
5) مَسجِد

3. 다음 단어들의 음절구성을 쓰시오.

1) شُما
2) شَلوار
3) مَن

3

발음기호와 특수발음

[학습목표] 발음기호의 명칭과 용법, 특수발음

1. 발음기호

모음부호와 동일하게 일반적으로 발음부호도 표기하지 않는다

1) ◌ْ (sokun)

이 부호를 가진 문자는 모음부호가 올 수 없고, 자음의 기능만을 한다.

예)	دَسْت	/dast/	손
	سِحْر	/sehr/	마술, 마법

2) ◌ّ (tashdid)

이 부호를 가진 문자는 두 번 활용하여 발음한다.

예)	بَچّه	/bachche/	어린이, 아이
	مُحَمَّد	/mohammad/	모함마드(남자이름), 이슬람의 예언자

3) ◌ً (tanvin)

이 부호는 단어의 어미에만 사용되며, ا (alef) 위에 붙는다. 그러므로 그 형태는 اً 이다. 그 발음은 /an/이 된다. 이 부호가 있는 어휘는 아랍어에서 차용된 어휘로 품사는 부사이다.

예)	بَعداً	/ba'dan/	뒤에, 나중에
	نِسبَتاً	/nesbatan/	비교적, 비교적으로

2. 특수발음

아래의 경우는 다음과 같이 발음이 바뀐다. [1)]

1) ن 의 뒤에 양순음 ب 가 오는 경우, م /m/으로 발음한다.

예)	شَنبه	/shanbe/ → /shambe/	토요일
	پَنبه	/panbe/ → /pambe/	면, 목화

2) ک 와 گ 에 단모음 /a/가 결합되는 경우, 발음을 매끄럽게 해주는 유음 y를 첨가하여 /kya/와 /gya/로 발음한다.

예)	کَباب	/kabāb/ → /kyabāb/	캬법(케밥)
	شِکَر	/shekar/ → /shekyar/	설탕
	گَردِش	/gardesh/ → /gyardesh/	산책
	مَگَس	/magas/ → /magyas/	(곤충류) 파리

1) 제4과부터는 변형된 발음이 아닌, 문자를 기반으로한 발음을 제시한다.

3) خوا 의 조합에서 و 는 발음하지 않는다.

예)	خواهَر	/khāhar/	여자형제
	خوانْدَن	/khāndan/	읽다

4) نگ..의 조합의 발음은 /ŋ /의 소리가 난다.[2]

예)	رَنگ	/rang/ → /raŋ/	색, 색상
	جَنگ	/zang/ → /zaŋ/	전쟁

5) ه 는 모음과 조합되면 본래의 음가인 /h/ 로 발음하고, 자음과 조합되면 본래의 음가 대신 /e/ 발음이 된다.

예)	كُلاه	/kolāh/	모자
	اَندوه	/anduh/	슬픔
	ميوه	/mive/	과일
	خانه	/khāne/	집

2) 한국어로 표기하면 음절말의 이응(/잉/)이 된다.

연습문제

1. 다음 단어들의 음가를 쓰시오.

1) مُعَلِّم

2) اَسْب

3) تَقریباً

4) گُروه

5) پینگ پُنگ

6) اَنبه

7) شِکَر

8) چَهارشَنبه

9) پَنبه

10) اَگَر

4

سلام 안녕하세요

[학습목표] 기본 인사말 및 안부 묻기
인칭대명사, بودَن 동사 현재시제 제1형

어휘

어휘	발음	의미
سَلام	salām	안녕. 안녕하세요.
صُبح	sobh	아침
بِخِير (به خِير)	bekheir	좋게, 기쁘게
خوبی	khubi	(너는) 좋아요
خوبَم	khubam	(나는) 좋아요
مِرسی	mersi	고마워요
تو	to	너 (단수 2인칭 대명사)
مَمنون	mamnun	고마운, 감사하는
عَلی	‘ali	알리(남자 이름)
خوب	khub	좋은
اَست	ast	(그는/그녀는/그것은) …이다, 있다

어휘	발음	의미
هَم	ham	…도, 또한
خواهِش می کُنَم	khāhesh mi konam	천만에요. 괜찮아요.
خُدا حافِظ	khodā hāfez	안녕히 가세요. 안녕히 계세요.
خُدا نِگَهدار	khodā negahdār	안녕히 가세요. 안녕히 계세요.

문법설명

인칭대명사, بودَن 동사 현재시제 제1형

1. 인칭대명사

1) 인칭대명사는 표기 방식에 따라 분리형과 비분리형으로 나눈다. 인칭대명사는 문장 내 위치에 따라 주격, 소유격, 목적격으로 활용된다.

① 분리형

인칭	단수			복수		
1	مَن	/man/	나	ما	/mā/	우리
2	تو	/to/	너	شُما	/shomā/	당신(들)
3	او	/u/	그/그녀	آنها	/ānhā/	그들

② 비분리형 : 어미로 활용된다.[1)]

인칭	단수		복수	
1	...َم	/am/	...ِمان	/emān/
2	...َت	/at/	...ِتان	/etān/
3	...َش	/ash/[2)]	...ِشان	/eshān/

2) 이란어는 기본적으로 성(gender)의 구분이 없으므로, 단수 3인칭 대명사는 사물 및 남성과 여성을 모두 지칭한다.

3) 2인칭 대명사의 복수는 상대를 존칭하고자 하는 경우에도 활용한다.

2. بودَن 동사 현재시제 제1형

1) 의미 : … 이다, … 있다.

2) 이란어의 모든 동사는 서술어로 사용될 때, 반드시 시제, 인칭, 수 등에 따라 활용해야 한다.

인칭	단수		복수	
1	اَم	/am/	ايم	/im/
2	اى	/i/	ايد	/id/
3	اَست	/ast/	اَند	/and/

1) 인칭대명사 비분리형의 활용은 제12과 참고
2) 2인칭과 3인칭 단수 비분리형은 구어체에서 각각 /et/와 /esh/로 발음된다.

3. 인칭대명사와 بودَن 동사를 활용한 문장의 구성

1) 이란어의 단문은 한국어 어순과 같이 '주어+보어/목적어+술어'로 구성된다.

2) **بودَن** 동사는 자동사이므로, 인칭대명사와 **بودَن** 동사로 구성된 문장은 '주어+보어+술어'의 구조를 갖는다.

예) **مَن دانِشجو اَم.** /man dāneshju am/ 나는 대학생입니다.

او خوب اَست. /u khub ast/

그는 좋습니다. (그의 상태/기분이 좋습니다, 그는 착합니다)

3) 의문문은 평서문과 동일한 어순이며, 문장 뒤 의문부호 (؟)를 표시하고, 문장 끝의 억양을 올린다. 단, 의문사가 없는 문장에 해당된다.

예) **شُما مُعَلِم اید؟** /shomā mo'allem id?/ 당신(들)은 선생님입니까?

4) 이란어는 인칭과 수에 따라 동사의 어미가 변화하는 언어이므로, 주어인 인칭대명사는 생략할 수 있다.

예) **(آنها) کارمَند اَند.** /(ānhā) kārmand and/ 그들은 회사원입니다.

5) **بودَن** 동사 현재시제 제1형의 첫 문자인 ا (alef)는 생략하고, 나머지 문자와 연결하여 표기할 수 있다.

예) **خوب + (اَ) ند = (آنها) خوبَند.** /(ānhā) khuband/ 그들은 좋습니다.

خوب + (ا) ی = (تو) خوبی؟ /(to) khubi/ 너는 좋니? 너는 잘 지내니?

본 문

مین جی سَلام. صُبح بِخِیر.

salām. sobh bekheir.

민지 안녕. 좋은 아침.

ستاره سَلام. صُبح بِخِیر.

salām. sobh bekheir.

세터레 안녕. 좋은 아침.

مین جی خوبی؟

khubi?

민지 (너) 잘 지내?

ستاره خوبَم. مِرسی. تو خوبی؟

khubam. mersi. to khubi?

세터레 (나) 잘 지내. 고마워. 너는 잘 지내?

مین جی خوبَم. مَمنون. عَلی خوب اَست؟

khubam. mamnun. ‘ali khub ast?

민지 잘 지내. 고마워. 알리는 잘 지내?

مین جی بَلِه. عَلی هَم خوب اَست. مِرسی.

bale. ‘ali ham khub ast. mersi.

세터레 응. 알리도 잘 지내. 고마워.

مین جی خواهِش می کُنَم.

khāhesh mi konam.

민지 천만에.

ستاره خدا حافظ.

khodā hāfez.

세터레 잘 가.

مین جی خدا نگهدار.

khodā negahdār.

민지 잘 가.

듣기

مین جی [سَلام. صُبح بِخِیر.]

salām. sobh bekheir.

민지 안녕. 좋은 아침.

ستاره [سَلام. صُبح بِخِیر.]

salām. sobh bekheir.

세터레 안녕. 좋은 아침.

مین جی [خوبی؟]

khubi?

민지 (너) 잘 지내?

ستاره [خوبَم. مِرسی. تو خوبی؟]

khubam. mersi. to khubi?

세터레 (나) 잘 지내. 고마워. 너는 잘 지내?

مین جی [خوبَم. مَمنون. عَلی خوبه؟]

khubam. mamnun. ‘ali khube?

민지 잘 지내. 고마워. 알리는 잘 지내?

مین جی [بَلِه. عَلی هَم خوبه. مِرسی.]

bale. ‘ali ham khube. mersi.

세터레 응. 알리도 잘 지내. 고마워.

مین جی [خواهِش می کُنَم.]

khāhesh mi konam.

민지 천만에.

ستاره [خدا حافظ.]

khodā hāfe.

세터레 잘 가.

مین جی [خدا نگهدار.]

khodā negahdār.

민지 잘 가.

연습문제

<참고어휘>

어휘	발음	의미
روز	ruz	일(日), 낮
شَب	shab	밤
بَد	bad	나쁜

쓰기

다음에 제시된 어휘를 이용하여 문장 만들기.

1. 그는 잘 지내나요? (اَست ، او ، خوب)
2. 우리가 감사해요. (ما ، ایم ، مَمنون)
3. 저도 잘 지냅니다. (خوب، هَم ، اَم ، مَن)
4. 당신(들)은 선생님입니까? (اید ، مُعَلِم ، شُما)
5. 그들은 대학생입니다. (آنها، دانِشجو ،اَند)

연습문제

Drill

주어진 문장을 참고하여, 아래의 문장들이 올바른 의미가 되도록 밑줄 친 부분에 알맞은 단어를 쓰시오.

1. **صُبح بِخِیر.**

좋은 아침입니다.

__________ بِخِیر.

좋은 오후입니다.

__________ بِخِیر.

좋은 밤입니다./안녕히 주무세요.

2. **او خوب اَست؟**

그는 잘 지내나요?

شُما خوب __________؟

당신(들)은 잘 지내시나요?/좋으신가요?

او __________ اَست؟

그는 (상태가) 나쁜가요?

__________ خوب __________ ؟

그들은 잘 지내나요?

연습문제

3. مَن دانِشجو اَم.

나는 대학생입니다.

_________ دانِشجو ای.

너는 대학생입니다.

مَن _________ اَم.

나는 회사원입니다.

ما دانِشجو _________ .

우리는 대학생입니다.

회화 테스트

1. 안녕히 가세요./ 안녕히 계세요./ 잘 가.
2. 천만에요.
3. 그들은 잘 지내나요?
4. 나는 잘 지내요.
5. 그는 선생님인가요?

단원평가(Flex 문제)

1. **ستاره**의 질문 대한 **مین جی**의 답으로 적절하지 않은 것을 고르시오.

ستاره : صُبح بِخِیر. خوبید؟

مین جی : ____________________

① **سَلام. مَن خوبَم.**

② **مَمنون. شُما خوبید؟**

③ **روز بِخِیر. مِرسی.**

④ **سَلام. مَمنونَم. خوبید؟**

2. **ستاره**에 대한 **مین جی**의 답으로 적절한 것을 고르시오.

ستاره : خِیلی مَمنون.

مین جی : ____________________

① **خُدا حافِظ.**

② **خواهِش می کُنَم.**

③ **تو خوبی؟**

④ **آنـها دانِشجو هَستند.**

5

مَن کُره ای هَستَم 나는 한국인이에요

[학습목표] 자기소개하기
بودَن 동사의 현재시제 제2형, 파생 형용사

어휘

어휘	발음	의미
هَستَم	hastam	(나는) …이다, 있다
سِتاره	setāre	세터레(여자 이름), 별
کُجایی	kojāyi	어디 출신의, 어느 나라의
ایرانی	irāni	이란의, 이란사람
هَستَند	hastand	(그들은) …이다, 있다
هَمه	hame	모두
کُره ای	korei	한국의, 한국사람
خِیلی	kheili	매우
خوشوَقتَم (خوشوَقت + اَم)	khoshvaqtam	반갑습니다 (처음 만났을 때 인사)

문법설명

بودَن 동사 현재시제 제2형, 파생 형용사

1. بودَن 동사 현재시제 제2형

1) 4과에 소개했던 현재 제1형과 제2형 사이의 기본적인 의미차이는 없다. 즉, 모두 '…이다, …있다'의 의미로 사용될 수 있다. 단, 제2형의 3인칭 단수 형태인 **هَست** 는 주로 '…있다'의 의미로 사용된다.

인칭	단수		복수	
1	هَستَم	/hastam/	هَستیم	/hastim/
2	هَستی	/hasti/	هَستید	/hastid/
3	هَست	/hast/	هَستَند	/hastand/

예) **مَن سِتاره هَستَم.** /man setāre hastam/

나는 세터레입니다.

شُما مُهَندِس هَستید. /shomā mohandes hastid/

당신(들)은 엔지니어입니다.

آنها خوب هَستَند. /ānhā khub hastand/

그들은 좋습니다. (그들의 상태/기분이 좋습니다, 그들은 착합니다)

2. 파생 형용사 (형용사 파생 접미사 / –i /)

1) 이란어의 일부 명사는 형용사 파생접미사인 / i / 음가가 첨가되면 형용사가 된다.

명사 + / i / → 형용사

단, /i/ 음가를 표기하는 방법은 앞 명사의 마지막 음가에 따라 세 가지로 나눈다.

① 음가가 자음인 경우, 자음 뒤 ی 를 붙인다.

예) ی + ایران ← ایرانی /irān + i → irāni/

이란(명사) → 이란의(형용사), 이란사람

ی + اَبر ← اَبری /abr + i → abri/

구름(명사) → 구름 낀, 흐린(형용사)

② 모음 ا 나 و 로 끝나는 경우, یی 를 붙인다.

예) یی+آمریکا ← آمریکایی /āmrikā+yi → āmrikāyi/

미국(명사) → 미국의(형용사), 미국사람

یی + لیمو ← لیمویی /limu + yi → limuyi/

레몬(명사) → 레몬의(형용사)

③ 묵음의 ه 로 끝나는 경우, ای 를 붙인다. 단, ه 와 ا 를 연결해서 쓰지 않는다.

예) ای + کُره ← کُره ای /kore + i → korei/

한국(명사) → 한국의(형용사), 한국사람

ای + خامه ← خامه ای /khāme + i → khāmei/

크림(명사) → 크림의(형용사)

본 문

مین جی سَلام. مَن مین جی هَستَم.

salām. man minji hastam.

민지 안녕하세요. 저는 민지에요.

ستاره سَلام. مَن سِتاره هَستَم.

salām. man setāre hastam.

세터레 안녕하세요. 저는 세터레에요.

مین جی شُما کُجایی هَستید؟

shomā kojāyi hastid?

민지 당신은 어느 나라 분이에요?

ستاره مَن ایرانی هَستَم.

man irāni hastam.

세터레 저는 이란사람이에요.

مین جی آنها هَم ایرانی هَستَند؟

ānhā ham irāni hastand?

민지 저분들도 이란사람인가요?

ستاره بَله. هَمه ایرانی هَستَند. شُما؟

bale. hame irāni hastand. shomā?

세터레 네. 모두 이란사람이에요. 당신은요?

مین جی مَن کُره ای هَستَم.

man korei hastam.

민지 저는 한국사람이에요.

ستاره خِیلی خوشوَقتَم.

kheili khoshvaqtam.

세터레 정말 반가워요.

مین جی مَن هَم خوشوَقتَم.

man ham khoshvaqtam.

민지 저도 반가워요.

듣기

مین جی [سَلام. مَن مین جی هَستَم.]

salām. man minji hastam.

민지 안녕하세요. 저는 민지에요.

ستاره [سَلام. مَن سِتاره هَستَم.]

salām. man setāre hastam.

세터레 안녕하세요. 저는 세터레에요.

مین جی [شُما کُجایی هَستین؟]

shomā kojāyi hastin?

민지 당신은 어느 나라 분이에요?

ستاره [مَن ایرانی هَستَم.]

man irāni hastam.

세터레 저는 이란사람이에요.

مین جی [اونا هَم ایرانی هَستَن؟]

unā ham irāni hastan?

민지 저분들도 이란사람인가요?

ستاره [بَله. هَمه ایرانی هَستَن. شُما؟]

bale. hame irāni hastan. shomā?

세터레 네. 모두 이란사람이에요. 당신은요?

مین جی [مَن کُره ای هَستَم.]

man korei hastam.

민지 저는 한국사람이에요.

ستاره [خِیلی خوشوَقتَم.]

kheili khoshvaqtam.

세터레 정말 반가워요.

مین جی [منم خوشوَقتَم.]

manam khoshvaqtam.

민지 저도 반가워요.

연습문제

<참고어휘>

어휘	발음	의미
چینی	chini	중국의, 중국사람
آلمانی	ālmāni	독일의, 독일사람

쓰기

다음에 제시된 어휘로 올바른 문장 만들기.

1. 우리들은 미국인입니다. (هَستیم ، آمریکایی ، ما)
2. 그들은 어느 나라 사람입니까? (هَستَند ، آنها ، کُجایی)
3. 나는 엔지니어입니다. (مَن ، مُهَندِس ، هَستَم)
4. 나도 또한 반갑습니다. (خوشوَقت ، هَستَم ، هَم ، مَن)
5. 당신들은 모두 한국인입니까? (شُما ، کُره ای ، هَستید ، هَمه)

연습문제

Drill

주어진 문장을 참고하여, 아래의 문장들이 올바른 의미가 되도록 밑줄 친 부분에 알맞은 단어를 쓰시오.

1. **تو ایرانی هَستی.**

너는 이란사람이다.

__________ ایرانی است.

그는 이란사람입니다.

تو __________ هَستی.

너는 중국사람이다.

ما ایرانی __________.

우리는 이란사람입니다.

2. **او کُجایی اَست؟**

그는 어느 나라 사람인가요?

__________ کُجایی اَند؟

그들은 어느 나라 사람인가요?

او __________ اَست؟

그는 독일사람인가요?

연습문제

3. مَن کارمَند هَستَم.

나는 회사원입니다.

__________ کارمَند هَستید.

당신(들)은 회사원입니다.

مَن __________ هَستَم.

나는 선생님입니다.

회화 테스트

1. 나는 한국사람입니다.
2. 만나서 반갑습니다.
3. 그들은 모두 이란사람입니까?
4. 우리도 미국사람입니다.
5. 당신들도 대학생입니까?

단원평가(Flex 문제)

1. 빈 칸에 알맞은 문장을 고르시오.

ستاره : سَلام. شُما کُجایی هَستید؟
مین جی : مَن ایرانی هَستم. شُما هَم ایرانی هَستید؟
ستاره : بَله، ______________________

① مَن آلمانی هَستم.
② آنها ایرانی هَستَند.
③ شُما ایرانی هَستید.
④ مَن هَم ایرانی هَستَم.

2. **ستاره** 에 대한 **مین جی** 의 답으로 적절한 것을 고르시오.

ستاره : سَلام. خوشوَقتَم.
مین جی : ______________________

① سَلام. خوشوَقتَم.
② مَمنونَم.
③ شُما ایرانی هَستید؟
④ خواهِش می کُنَم.

6

این مادَرِ مَن اَست 이 분은 나의 엄마에요

[학습목표] 소개하기
지시대명사, 에저페

어휘

어휘	발음	의미
جان	jān	(친근한 사이에) 이름 뒤에 붙이는 호칭, 영혼
حال	hāl	기분, 상태, 상황
چِطُور	chetour	어떻게
این	in	이, 이것, 이 사람
مادَر	mādar	어머니
دوست	dust	친구
خانُم	khānom	...씨, ...양, 숙녀, 부인
پِدَر	pedar	아버지
اینجا	injā	이곳, 여기
آن	ān	저, 저것, 저 사람 그, 그것, 그 사람

어휘	발음	의미
!چِه خوب	che khub	좋겠어요! 좋네요! (감탄문)
خانِواده	khānevāde	가족 (집합 명사)

문법설명

지시대명사, 에자페

1. 지시대명사 این 과 آن

1) 지시대명사 **این** /in/은 ‘이, 이것, 이 사람’의 의미로, 가까운 대상을 지칭할 때 사용된다.

예)	**.این مِداد اَست**	/in medād ast/	이것은 연필입니다.
	.این مَرد اَست	/in mard ast/	이 사람은 남자입니다.

2) 지시대명사 **آن** /ān/은 ‘저/그, 저것/그것, 저 사람/그 사람’의 의미로, 멀리 있는 대상을 지칭할 때 사용된다.

예)	**.آن میز اَست**	/ān miz ast/	저것은 책상입니다.
	.آن دانشجو اَست	/ān dāneshju ast/	저 사람은 대학생입니다.

2. 에저페

에저페는 소유격 및 수식관계를 나타낼 때 활용된다.

1) 소유격은 소유 대상인 명사 뒤에 오며, 인칭대명사에 발음부호 /e/를 넣어 격을 나타낸다. 이 때 소유격의 문법연결사인 발음부호를 에저페라 칭한다. 에저페는 소유 대상인 명사의 마지막 문자 혹은 마지막 음가에 따라 세 가지 형태로 나눈다.

① 명사가 자음으로 끝나는 경우, 모음의 음가인 /e/를 넣어 발음한다. 이 발음은 표기하지 않는다.

예)	کتابِ مَن	/ketābe man/	나의 책
	مادرِ آنها	/mādare ānhā/	그들의 어머니

② 명사가 모음 ا 나 و 로 끝나는 경우, 명사 뒤에 یِ 를 첨가하고, /ye/로 발음한다.

예)	باباىِ مَن	/bābāye man/	나의 아빠
	موىِ او	/mu-ye u/	그(녀)의 머리카락

③ 명사가 모음 ی 로 끝나는 경우, 모음의 음가인 /e/를 넣어, /ye/로 발음한다.

예)	مربّىِ آنها	/morabbiye ānhā/	그들의 코치
	صَندَلىِ تو	/sandaliye to/	너의 의자

④ 명사가 묵음의 ه 로 끝나는 경우, 명사 뒤에 یِ 를 첨가하고, /ye/로 발음한다. 단, ه 와 ی는 연결하여 쓰지 않는다.

예)	بَچّه یِ شُما	/bachcheye shomā/	당신(들)의 아이
	گُربه یِ مَن	/gorbeye man/	나의 고양이

2) 명사구는 일반적으로 명사와 수식어인 형용사가 에자페로 연결되어 형성된다. 일부 명사구는 수식어가 명사를 선행할 수 있다. 이 경우, 에자페는 생략된다. 단, 예외적인 경우도 있다.

예)	پیراهنِ سفید	/pirāhane sefid/	흰색 셔츠
	رنگِ آبی	/range ābi/	푸른 색
	آبی رنگ	/ābi rang/	푸른 색
	زنِ پیر	/zane pir/	노파
	پیرِ زن	/pire zan/	노파

본 문

مین جی سَلام، سِتارِه جان.

salām, setāre jān.

민지 안녕하세요, 세터레.

ستاره سَلام. خوبی، مین جی؟

salām. khubi, minji?

세터레 안녕하세요. 민지씨, 잘 지내요?

مین جی خوبَم. مِرسی.

khubam. mersi.

민지 잘 지내요. 고마워요.

حالِ شُما چِطُور است؟

hāle shomā chetour ast?

당신은 어떠세요? (당신의 기분상태는 어때요?)

ستاره خوبَم. مَمنون.

khubam. mamnun.

세터레 좋아요. 고마워요.

مین جی سِتارِه، این مادَرِ مَن اَست.

setāre, in mādare man ast.

민지 세터레, 이 분은 나의 엄마에요.

مادر، این سِتارِه اَست. دوستِ مَن اَست.

mādar, in setāre ast. duste man ast.

어머니, 이 사람은(이 쪽은) 세터레에요. 제 친구에요.

ستاره **سَلام، خانُم. خوشوَقتَم.**

salām khānom. khoshvaqtam.

세터레 안녕하세요. 만나서 반갑습니다.

مادر مین جی **سَلام. خوشوَقتَم.**

salām. khoshvaqtam.

민지 어머니 안녕하세요. 반갑습니다.

مین جی **سِتارِه، پِدَرِ مَن هَم اینجاست.**

setāre, pedare man ham injāst.

민지 세터레, 나의 아빠도 여기에 계세요.

آن پِدَرِ مَن اَست.

ān pedare man ast.

저 분이 나의 아빠에요.

ستاره **چِه خوب!**

che khub!

세터레 좋겠어요!

خانِوادِه ی شُما هَمِه اینجا هستند.

khānevādeye shomā hame injā hastand.

당신의 가족이 모두 여기에 있네요.

듣 기

مین جی	[سَلام، سِتارِه جون.]
	salām, setāre jun.
민지	안녕하세요, 세터레.
ستاره	[سَلام. خوبی، مین جی؟]
	salām. khubi, minji?
세터레	안녕하세요. 민지씨, 잘 지내요?
مین جی	[خوبَم. مِرسی.]
	khubam. mersi.
민지	잘 지내요. 고마워요.
	[حالِ شُما چِطُوره؟]
	hāle shomā chetoure?
	당신은 어떠세요? (당신의 기분/상태는 어때요?)
ستاره	[خوبَم. مَمنون.]
	khubam. mamnun.
세터레	좋아요. 감사합니다.
مین جی	[سِتارِه، این مادَرِ مَنه.]
	setāre, in mādare mane.
민지	세터레, 이 분은 나의 엄마에요.
	[مادر، این سِتارِه اَس. دوستِ مَنه.]
	mādar, in setāre as. duste mane.
	어머니, 이 사람은(이 쪽은) 세터레에요. 제 친구에요.

ستاره [سَلام، خانوم. خوشوَقتَم.]

salām khānum. khoshvaqtam.

세터레 안녕하세요. (만나뵈어서) 반갑습니다.

مادر مین جی [سَلام. خوشوَقتَم.]

salām. khoshvaqtam.

민지 어머니 안녕하세요. 반갑습니다.

مین جی [سِتارِه، پِدَرِ مَنَم اینجاس.]

setāre, pedare manam injās.

민지 세터레, 나의 아빠도 여기에 계세요.

[اون پِدَرِ مَنه.]

un pedare mane.

저 분이 나의 아빠에요.

مین جی [چِه خوب!]

che khub!

세터레 좋겠어요!

[خونِوادِه ی شُما هَمِه اینجان.]

khunevādeye shomā hame injāan.

당신의 가족이 모두 여기에 있네요.

연습문제

<참고어휘>

어휘	발음	의미
آنجا	ānjā	거기, 저기, 그곳에
خواهَر	khāhar	자매, 누이, 여동생
بَله	bale	예, 네, 그렇습니다

쓰기

다음에 제시된 어휘로 올바른 문장 만들기.

1. 그들의 아버지는 엔지니어입니다. (مُهَندِس ، پِدَر ، اَست ، آنها)
2. 당신(들)의 기분은 좋습니까? (اَست ، خوب ، شُما ، حال)
3. 이 사람은 알리입니다. (اَست ، عَلی ، این)
4. 나의 아버지는 여기 계십니다. (اینجا ، اَست ، پِدَر ، مَن)
5. 너는 나의 친구이니? (دوست ، تو ، مَن ، هَستی)

연습문제

Drill

주어진 문장을 참고하여, 아래의 문장들이 올바른 의미가 되도록 밑줄 친 부분에 알맞은 단어를 쓰시오.

1. میزِ مَن اینجاست.

나의 책상은 여기 있습니다.

__________ مَن اینجاست.

나의 책은 여기 있습니다.

میزِ __________ اینجاست.

우리 아이의 책상이 여기 있습니다.

میزِ مَن __________ اَست.

나의 책상은 저기에 있습니다.

2. این مادَرِ ما اَست. (= این مادرِ ماست.)

이 분은 우리 어머니입니다.

__________ مادَرِ ما اَست.

저 분은 우리 어머니입니다.

این __________ اَست.

이 분은 그들의 선생님입니다.

연습문제

3. حالِ شُما چِطور اَست؟

당신의 기분/상태는 어떠십니까?

__________ شُما چِطور اَست؟

당신의 아이는 어떻습니까?

حالِ __________ چِطور اَست؟

너의 아버지의 기분/상태는 어떠시니?

حالِ شُما __________ اَست؟

당신의 기분/상태는 좋습니까?

회화 테스트

1. 세터레는 나의 친구입니다.
2. 저 분은 나의 코치님입니다.
3. 당신들의 아이는 여기에 있습니다.
4. 나의 친구는 대학생입니다.
5. 그의 기분/상태는 어떻습니까?

단원평가(Flex 문제)

1. 다음 대화를 듣고, 옳은 문장을 고르시오.

مین جی : سِتارِه، این مادَرِ مَن اَست.

مادر، این سِتارِه اَست. دوستِ مَن اَست.

ستاره : سَلام، خانُم. خوشوَقتَم.

مادر مین جی : سَلام. خوشوَقتَم.

① سِتارِه و مین جی خواهر هستند.

② مادرِ سِتارِه اینجاست.

③ سِتارِه و مین جی دوست هستند.

④ سِتارِه دوست مین جی نیست.

2. 다음 대화를 듣고, 옳은 문장을 고르시오.

مین جی : سِتارِه، پِدَرِ مَن هَم اینجاست.

آن پِدَرِ مَن اَست.

سِتاره : چِه خوب!

خانِوادِه ی شُما هَمِه اینجا هستند.

① خانِوادِه ی مین جی هَمِه اینجا هستند.

② پِدَرِ ستاره اینجاست.

③ خانِوادِه ی سِتاره هَمِه اینجا هستند.

④ سِتارِه و مین جی خواهر هستند.

7

این چیست؟ 이것은 무엇인가요?

[학습목표] 사물 및 사람 표현
지시형용사, بودن 동사의 현재시제 부정형

어휘

어휘	발음	의미
اِسم	esm	이름
میوه	mive	과일, 열매
چیست (چی + است)	chist	무엇입니까
چی	chi	무엇
خُرما	khormā	대추야자
آیا	āyā	의문불변화사[1]
خوشمَزه	khoshmaze	맛있는
وَ	va	그리고
شیرین	shirin	달콤한

1) 의문사 없는 의문문에 붙이며 생략 가능하다.

어휘	발음	의미
بِفَرمایید	befarmāyid	여기 있습니다[2]
کیست (کی + است)	kist	누구입니까
کی	ki	누구
نَه	na	아니, 아니오
نیست	nist	(그는/그녀는/그것은) …아니다, 없다

문법설명

지시형용사, بودن 동사의 현재시제 부정형

1. 지시형용사 این 과 آن

1) این 과 آن 은 지시대명사일 뿐만 아니라 지시형용사로도 사용된다.

2) 지시대명사와 동일하게 این 은 가까운 대상을 지칭하고, آن 은 멀리 있는 대상을 지칭할 때 사용된다.

3) 지시형용사는 에자페 없이 명사를 수식한다. 따라서, 하나의 명사구에 지시형용사와 일반형용사가 함께 나올 경우, 지시형용사는 에자페 없이 명사 앞에 위치하며, 일반형용사는 명사 뒤에 위치하며 에자페가 첨가된다.

예)			
	این دَر	/in dar/	이 문
	این دَرِ بُزُرگ	/in dare bozorg/	이 큰 문

2) 문맥에 따라 다양한 해석이 가능하다.

آن مَرد	/ān mard/	저 남자
آن مَرد جَوان	/ān marde javān/	저 젊은 남자

2. بودن 동사의 현재시제(제1형, 제2형) 부정형

1) 의미 : … 아니다, … 없다.

2) 부정형은 한 가지 형태이다.[3)]

인칭	단수		복수	
1	نیستَم	/nistam/	نیستیم	/nistim/
2	نیستی	/nisti/	نیستید	/nistid/
3	نیست	/nist/	نیستَند	/nistand/

예)	تو دانِشجو نیستی.	/to dāneshju nisti/	너는 대학생이 아니다.
	ما کارمَند نیستیم.	/mā kārmand nistim/	우리는 회사원이 아닙니다.
	شُما دُکتُر نیستید؟	/shomā doktor nistid/	당신(들)은 의사가 아닙니까?

---

3) بودن 동사의 현재형은 세 종류이지만, 부정형은 제1형과 제2형이 동일하여, 두 종류이다. 현재시제 제3형은 제11과 참고.

본 문

مین جی اِسمِ این میوه چیست؟

esme in mive chist?

민지 이 열매의 이름은 무엇인가요?

ستاره این خُرما اَست.

in khormā ast.

세터레 이것은 대추야자에요.

مین جی آیا این خوشمَزه اَست؟

āyā in khoshmaze ast?

민지 이것은 맛있나요?

ستاره بَله. خِیلی خوشمَزه اَست و شیرین.

bale. kheili khoshmaze ast va shirin.

세터레 네. 아주 맛있습니다. 달아요.

بِفَرمایید.

befarmāyid.

잡수세요.

مین جی مِرسی.

mersi.

민지 고맙습니다.

آن کیست؟

ān kist?

저 분은 누구에요?

ستاره　　آن خواهَرِ مَن اَست.

ān khāhare man ast.

세터레 저 사람은 내 여자형제에요.

مین جی　　خواهَرِ شُما دانِشجو اَست؟

khāhare shomā dāneshju ast?

민지 당신의 여자형제는 대학생인가요?

ستاره　　نَه. خواهَرِ مَن دانِشجو نیست.

na. khāhare man dāneshju nist.

세터레 아니요. 나의 여자형제는 대학생이 아닙니다.

او کارمَند اَست.

u kārmand ast.

회사원이에요.

듣 기

مین جی [اِسمِ این میوه چیه؟]

esme in mive chie?

민지 이 열매의 이름은 무엇인가요?

ستاره [این خُرماس.]

in khormās.

세터레 이것은 대추야자에요.

مین جی [این خوشمَزه اَس؟]

in khoshmaze as?

민지 이것은 맛있나요?

ستاره [بَله. خِیلی خوشمَزه اَس و شیرین.]

bale. kheili khoshmaze aso shirin.

세터레 네. 아주 맛있습니다. 달아요.

[بِفَرمایین.]

befarmāyin.

잡수세요.

مین جی [مِرسی.]

mersi.

민지 고맙습니다.

مین جی [اون کیه؟]

un kie?

저 분은 누구에요?

ستاره [اون خواهَرِ مَنه.]

un khāhare mane.

세터레 저 사람은 내 여자형제에요.

مین جی [خواهَرِ شُما دانِشجو اَس؟]

khāhare shomā dāneshju as?

민지 당신의 여자형제는 대학생인가요?

ستاره [نَه. خواهَرِ مَن دانِشجو نیس.]

na. khāhare man dāneshju nis.

세터레 아니요. 나의 여자형제는 대학생이 아닙니다.

[او کارمَنده.]

u kārmande.

회사원이에요.

연습문제

<참고어휘>

어휘	발음	의미
شُغل	shoghl	직업
پیر	pir	늙은, 나이든
کوچَک	kuchak	작은, 어린

쓰기

다음에 제시된 어휘로 올바른 문장 만들기.

1. 저것은 무엇입니까? (چی ، اَست ، آن)
2. 그들은 의사가 아닙니다. (آنها ، نیستَند ، دُکتُر)
3. 이 과일은 달지 않습니다. (نیست ، میوه ، این ، شیرین)
4. 저 회사원은 늙었습니다. (آن ، کارمَند ، پیر ، اَست)
5. 저 아이는 나의 여자형제가 아닙니다. (بَچه ، آن ، نیست ، مَن ، خواهَر)

연습문제

Drill

주어진 문장을 참고하여, 아래의 문장들이 올바른 의미가 되도록 밑줄 친 부분에 알맞은 단어를 쓰시오.

1. اِسمِ او چی اَست؟ (اِسمِ او چیست؟)

그의 이름은 무엇입니까?

_________ او چیست؟

그의 직업은 무엇입니까?

اسمِ _________ چیست؟

네 친구의 이름은 무엇이니?

2. این کِتاب بُزُرگ اَست.

이 책은 큽니다.

_________ بُزُرگ اَست.

나의 책상은 큽니다.

این کِتاب _________ اَست.

이 책은 작습니다.

این کِتاب بُزُرگ _________.

이 책은 크지 않습니다.

연습문제

3. او کی اَست؟ (= او کیست؟)

그는 누구입니까?

_________ کی است؟

이 여자 분은 누구입니까?

او _________ اَست؟

그는 그들의 친구입니까?

회화 테스트

1. 저 여자 분은 누구입니까?
2. 저 젊은 남자는 나의 선생님입니다.
3. 대추야자는 맛있고 달콤합니다.
4. 나의 아버지는 회사원입니다.
5. 나의 선생님은 한국사람이 아닙니다.

단원평가(Flex 문제)

1. 다음 대화를 듣고, 옳은 문장을 고르시오.

ستاره : مین جی، آن خانمِ جَوان کیست؟
مین جی : سِتاره جان، او خواهَرِ مَن اَست.

① **سِتاره خواهَر مین جی اَست.**
② **خواهَرِ مین جی پیر اَست.**
③ **مین جی جَوان نیست.**
④ **آن خانمِ جَوان خواهَر مین جی اَست.**

2. 다음 대화를 듣고, 옳은 문장을 고르시오.

ستاره : بِفَرمایید میوه.
مین جی : خِیلی مَمنون. چه شیرین!

① **آن میوه شیرین نیست.**
② **اسم میوه خرما است.**
③ **آن میوه خیلی خوشمزه است.**
④ **آن میوه بدمزه است.**

8

شُما مِداد دارید؟
당신은 연필을 가지고 있나요?

[학습목표] 소유를 나타내기
داشتَن 동사의 현재시제, 소유인칭대명사(~의 것)

어휘

어휘	발음	의미
مِداد	medād	연필
داری	dāri	(너는) …을 가지고 있다
بَله	bale	네
دارَم	dāram	(나는) …을 가지고 있다
قَلَم	qalam	펜
نَدارَم	nadāram	(나는) …을 가지고 있지 않다
مالِ	māle	~의 것
پَس	pas	그러면, 그래서

문법설명

داشتن 동사의 현재시제, 소유인칭대명사(~의 것)

1. داشتَن 동사의 현재시제

1) 의미 : …을 가지고 있다.

2) **داشتَن** 동사의 활용

داشتَن의 현재형 = 현재어근 + 현재형 어미

① 현재어근 : **دار**
② 현재형 어미

인칭	단수		복수	
1	...مَ	/am/	...يم	/im/
2	...ى	/i/	...يد	/id/
3	...دَ	/ad/	...نَد	/and/

예) **مَن قَلَم دارَم.** /man qalam dāram/

나는 펜을 가지고 있습니다.

آن دُختَر كيف دارَد. /ān dokhtar kif dārad/

저 소녀는 가방을 가지고 있습니다.

شُما فَرش داريد. /shomā farsh dārid/

당신(들)은 카펫을 가지고 있습니다.

3) 현재시제 부정형은 현재형의 어두에 부정접두사 نَه 를 붙인다. 단, ه 가 탈락된 نَـ /na/ 로 연결한다.

인칭	단수		복수	
1	نَدارَم	/nadāram/	نَداریم	/nadārim/
2	نَداری	/nadāri/	نَدارید	/nadārid/
3	نَدارَد	/nadārad/	نَدارَند	/nadārand/

예) او بَرادَر ندارَد. /u barādar nadārad/
그는 남자형제를 가지고 있지 않습니다.

شُما ماشین نَدارید؟ /shomā māshin nadārid/
당신(들)은 자동차를 가지고 있지 않습니까?

آنها موبایل نَدارَند. /ānhā mobāil nadārand/
그들은 핸드폰을 가지고 있지 않습니다.

2. 소유인칭대명사

1) '~의 것'이라는 의미의 مال /māl/ 에 인칭대명사의 소유격을 에저페로 연결하여 소유대명사를 만든다. 즉, مالِ /māle/ 가 된다.

소유인칭대명사 = مال /māl/ + 에저페 + 인칭대명사

인칭	단수			복수		
1	مالِ مَن	/māle man/	나의 것	مالِ ما	/māle mā/	우리의 것
2	مالِ تو	/māle to/	너의 것	مالِ شُما	/māle shomā/	당신(들)의 것
3	مالِ او	/māle u/	그의 것	مالِ آنها	/māle ānhā/	그들의 것

2) 인칭대명사 이외의 명사(구)를 사용하여 해당 명사(구)의 소유를 나타낼 수도 있다.

예) مالِ شِركَت /māle sherkat/ 회사의 것, 회사 소유

مالِ پِدَرِ مَن /māle pedar-e man/ 나의 아버지의 것

본 문

مین جی مِداد داری؟

medād dāri?

민지 (너는) 연필을 가지고 있니?

ستاره بَله. مَن مِداد دارَم.

bale. man medād dāram.

세터레 응. 나는 연필을 가지고 있어.

مین جی قَلَم هَم داری؟

qalam ham dāri?

민지 (너는) 펜도 가지고 있니?

ستاره نَه. مَن قَلَم نَدارَم.

na. man qalam nadāram.

세터레 아니. 나는 펜은 가지고 있지 않아.

مین جی این قَلَم مالِ تو نیست؟

in qalam māle to nist?

민지 이 펜은 너의 것이 아니니?

ستاره نَه. مالِ مَن نیست.

na. māle man nist.

세터레 아니. (그것은) 나의 것이 아니야.

مین جی پَس این قَلَم مالِ کیست؟

pas in qalam māle kist?

민지 그러면 이 펜은 누구의 것이니?

ستاره این قَلَم مالِ بَرادَر مَن اَست.

in qalam māle barādare man ast.

세터레 이 펜은 나의 남자형제의 것이야.

듣 기

مین جی [مِداد داری؟]

medād dāri?

민지 (너는) 연필을 가지고 있니?

ستاره [بَله. مَن مِداد دارَم.]

bale. man medād dāram.

세터레 응. 나는 연필을 가지고 있어.

مین جی [قَلَم هَم داری؟]

qalam ham dāri?

민지 (너는) 펜도 가지고 있니?

ستاره [نَه. مَن قَلَم نَدارَم.]

na. man qalam nadāram.

세터레 아니. 나는 펜은 가지고 있지 않아.

مین جی [این قَلَم مالِ تو نیس؟]

in qalam māle to nis?

민지 이 펜은 너의 것이 아니니?

ستاره [نَه. مالِ مَن نیس.]

na. māle man nis.

세터레 아니. (그것은) 나의 것이 아니야.

مین جی [پَس این قَلَم مالِ کیه؟]

pas in qalam māle kie?

민지 그러면 이 펜은 누구의 것이니?

ستاره [این قَلَم مالِ بَرادَر مَنه.]

in qalam māle barādare mane.

세터레 이 펜은 나의 남자형제의 것이야.

연습문제

<참고어휘>

어휘	발음	의미
خانه	khāne	집
کامپیوتِر	kāmpiuter	컴퓨터
سیگار	sigār	담배

쓰기

다음에 제시된 어휘로 올바른 문장 만들기.

1. 나는 자동차를 가지고 있습니다. **(دارَم ، مَن ، ماشین)**
2. 이 소녀는 핸드폰을 가지고 있지 않습니다. **(این ، موبایل ، دُختَر ، نَدارَد)**
3. 저 펜은 너의 것이 아니다. **(مال ، نیست ، تو ، قَلَم ، آن)**
4. 그들의 가족은 집을 가지고 있습니다. **(دارَد ، خانِواده ، خانه ، آنها)**
5. 이 가방은 누구의 것입니까? **(این ، اَست ، مال ، کیف ، کی)**

연습문제

Drill

주어진 문장을 참고하여, 아래의 문장들이 올바른 의미가 되도록 밑줄 친 부분에 알맞은 단어를 쓰시오.

1. **آن ماشینِ بُزُرگ مالِ مَن اَست.**

저 큰 자동차는 나의 것입니다.

__________ مالِ مَن اَست.

이 작은 책은 나의 것입니다.

آن ماشینِ بُزُرگ __________ اَست.

저 큰 자동차는 나의 남자형제 것입니다.

آن ماشینِ بُزُرگ مالِ مَن __________.

저 큰 자동차는 나의 것이 아닙니다.

2. **تو کامپیوتِر داری.**

너는 컴퓨터를 가지고 있다.

__________ کامپیوتِر __________.

우리는 컴퓨터를 가지고 있다.

تو __________ داری.

너는 담배를 가지고 있다.

연습문제

3. این مِداد مالِ سِتاره اَست.

이 연필은 세테레의 것입니다.

__________ مالِ سِتاره اَست.

그 카펫은 세테레의 것입니다.

این مِداد __________ اَست.

이 연필은 나의 친구의 것입니다.

این مِداد مالِ سِتاره __________.

이 연필은 세테레의 것이 아닙니다.

회화 테스트

1. 저 대학생은 가방을 가지고 있습니까?
2. 이 책은 저 엔지니어의 것입니다.
3. 그 자동차는 그들 회사의 것입니다.
4. 우리는 딸을 가지고 있지 않습니다.
5. 그들은 모두 담배를 가지고 있습니다.

단원평가(Flex 문제)

1. 다음 대화를 듣고, 이를 올바르게 설명하는 문장을 고르시오.

ستاره : مین جی، این کِتاب خِیلی بُزُرگ اَست. این مالِ شُماست؟

مین جی : نَه، سِتاره. این مالِ مَن نیست. مالِ بَرادَرِ مَن اَست.

① کتابِ مین جی بُزُرگ اَست.

② سِتاره کِتاب دارَد.

③ سِتاره وَ مین جی کِتاب نَدارَند.

④ کِتابِ بَرادَرِ مین جی بُزُرگ اَست.

2. 다음 대화를 듣고, 이를 올바르게 설명하는 문장을 고르시오.

ستاره : مین جی، تو بَرادَر داری؟

مین جی : بَله. مَن خواهَر هَم دارَم.

① سِتاره بَرادَر نَدارَد.

② مین جی بَرادَر وَ خواهَر دارَد.

③ سِتاره و مین جی خواهَر هَستَند.

④ مین جی فَقَط خواهَر دارَد.

9

دیروز هَوا چِطُور بود؟
어제는 날씨가 어땠어요?

[학습목표] 날씨묻기
동사의 과거시제

어휘

어휘	발음	의미
دیروز	diruz	어제
هَوا	havā	날씨, 공기
بود	bud	(그는/그녀는/그것은) … 이었다, 있었다
بارانی	bārāni	비의, 비 오는
چَتر	chatr	우산
داشتی	dāshti	(너는) 가지고 있었다
داشتَم	dāshtam	(나는) 가지고 있었다
سَرد	sard	추운, 차가운
زیاد	ziyād	많은, 많이
نَبود	nabud	(그는/그녀는/그것은) …아니었다, 없었다.

어휘	발음	의미
اِمروز	emruz	오늘
آفتابی	āftābi	햇빛의, 화창한
گرم	garm	따뜻한, 더운

문법설명

과거시제

1) 과거시제는 과거의 상태나 동작을 나타낼 때 사용된다.

2) 동사의 과거형은 과거어근에 과거형 어미를 연결하여 형성한다.

동사의 과거형 = 과거어근 + 과거형 어미

① 과거어근은 동사원형에서 نَ 을 생략한 형태이다. (음가로는 /-an/을 생략한다.)

예) بودَن /budan/ …이다/있다 → بود /bud/
داشتَن /dāshtan/ …을 가지고 있다 → داشت /dāsht/
رَفتَن /raftan/ 가다 → رَفت /raft/

② 과거형 어미

인칭	단수		복수	
1	...مَ	/am/	...يم	/im/
2	...ی	/i/	...يد	/id/
3	-		...َند	/and/

3인칭 단수의 어미는 없다. 따라서, 동사의 어근과 과거 3인칭 단수는 동일한 형태이다.

예) **بودَن** 의 과거형

인칭	단수		복수	
1	بودَم	/budam/	بوديم	/budim/
2	بودی	/budi/	بوديد	/budid/
3	بود	/bud/	بودَند	/budand/

داشتَن 의 과거형

인칭	단수		복수	
1	داشتَم	/dāshtam/	داشتيم	/dāshtim/
2	داشتی	/dāshti/	داشتيد	/dāshtid/
3	داشت	/dāsht/	داشتَند	/dāshtand/

رَفتَن 의 과거형

인칭	단수		복수	
1	رَفتَم	/raftam/	رَفتیم	/raftim/
2	رَفتی	/rafti/	رَفتید	/raftid/
3	رَفت	/raft/	رَفتَند	/raftand/

2) 과거시제 부정형은 과거형의 어두에 부정접두사 نَه 를 붙인다.
단, ه 가 탈락된 نَـ /na/ 를 연결한다.

예) مَن دانِشجو نَبودَم. /man dāneshju nabudam/
나는 대학생이 아니었습니다.

آنها خانه نَداشتَند. /ānhā khāne nadāshtand/
그들은 집을 가지고 있지 않았습니다.

ما به خانه نَرفتیم. /mā be khāne naraftim/
우리는 집에 가지 않았습니다.

본 문

مین جی　دیروز هَوا چِطُور بود؟

diruz havā chetour bud?

민지　어제 날씨 어땠어?

ستاره　دیروز بارانی بود.

diruz bārāni bud.

세터레　어제 비 왔어.

مین جی　چَتر داشتی؟

chatr dāshti?

민지　(너는) 우산 가지고 있었니?

ستاره　بَله. چَتر داشتَم.

bale. chatr dāshtam.

세터레　응. (나는) 우산 가지고 있었어.

مین جی　هَوا سَرد بود؟

havā sard bud?

민지　날씨 추웠니?

ستاره　نَه، زیاد سَرد نَبود.

na. ziyād sard nabud.

세터레　아니. 많이 춥지 않았어.

مین جی　اِمروز هَوا چِطُور اَست؟

emruz havā chetour ast?

민지　오늘 날씨는 어때?

ستاره اِمروز آفتابی اَست و گرم.

emruz āftābi ast va garm.

세터레 오늘은 화창하고 따뜻해.

듣 기

مین جی [دیروز هَوا چِطُور بود؟]

diruz havā chetour bud?

민지 어제 날씨 어땠어?

ستاره [دیروز بارونی بود.]

diruz bāruni bud.

세터레 어제 비 왔어.

مین جی [چَتر داشتی؟]

chatr dāshti?

민지 (너는) 우산 가지고 있었니?

ستاره [بَله. چَتر داشتَم.]

bale. chatr dāshtam.

세터레 응. (나는) 우산 가지고 있었어.

مین جی [هَوا سَرد بود؟]

havā sard bud?

민지 날씨 추웠니?

ستاره [نَه، زیاد سَرد نَبود.]

na. ziyād sard nabud.

세터레 아니. 많이 춥지 않았어.

مین جی [اِمروز هَوا چِطُوره؟]

emruz havā chetoure?

민지 오늘 날씨는 어때?

ستاره [اِمروز آفتابیه و گَرم.]

emruz āftābie va garm.

세터레 오늘은 화창하고 따뜻해.

연습문제

<참고어휘>

어휘	발음	의미
مَدرِسه	madrese	학교
به	be	…에, …로
پريروز	pariruz	그저께
پِسَر	pesar	소년, 아들
کَم	kam	조금, 소량의
وَلی	vali	그러나

쓰기

다음에 제시된 어휘로 올바른 문장 만들기.

1. 우리는 어제 학교에 가지 않았습니다.

(ما ، به ، نَرَفتیم ، مَدرِسه ، دیروز)

2. 오늘은 날씨가 추웠습니다. (هَوا ، سَرد ، اِمروز بود)

3. 그들은 맛있는 과일을 가지고 있었습니다.

(خوشمَزه ، داشتَند ، آنها ، میوه)

4. 이 우산은 나의 것이었습니다. (مَن ، این ، بود ، چَتر ، مال)

5. 우리는 선생님댁에 갔습니다. (خانه ، به ، ما ، رَفتیم ، مُعَلِم)

연습문제

Drill

주어진 문장을 참고하여, 아래의 문장들이 올바른 의미가 되도록 밑줄 친 부분에 알맞은 단어를 쓰시오.

1. دیروز بارانی بود.

어제는 비가 왔습니다.

__________ بارانی بود.

그저께는 비가 왔습니다.

دیروز __________ بود.

어제는 화창했습니다.

دیروز بارانی __________.

어제는 비가 오지 않았습니다.

2. پِسَرِ آنها دانِشجو بود.

그들의 아들은 대학생이었습니다.

__________ دانِشجو بود.

너의 친구는 대학생이었다.

پِسَرِ آنها __________ بود.

그들의 아들은 어린이였다.

پِسَرِ آنها دانِشجو __________.

그들의 아들은 대학생이 아니었다.

연습문제

3. اینجا قَلَم زیاد بود.

여기에 펜이 많았습니다.

________ قَلَم زیاد بود.

저기에 펜이 많았습니다.

اینجا ________ زیاد بود.

여기에 의자가 많았습니다.

اینجا قَلَم ________ بود.

여기에 펜이 적었습니다.

회화 테스트

1. 그들은 컴퓨터를 가지고 있었습니까?
2. 어제 날씨는 화창하고 따뜻했습니다.
3. 나는 그의 여자형제 집에 갔었습니다.
4. 나의 가족은 모두 그곳에 있었습니다.
5. 당신들은 우산을 가지고 있지 않았습니까?

단원평가(Flex 문제)

1. 다음 대화를 듣고, 옳은 문장을 고르시오.

ستاره : دیروز بارانی بود ولی چَتر نَداشتَم. اِمروز هَم نَدارَم.
مین جی، چَتر داری؟
مین جی : نَه، ستاره. اِمروز بارانی نیست.

① اِمروز هَم بارانی اَست.
② اِمروز سِتاره وَ مین جی چَتر نَدارَند.
③ سِتاره دیروز چَتر داشت.
④ مین جی چَتر دارَد.

2. 다음 대화를 듣고, 옳은 문장을 고르시오.

ستاره : شُما کارمَند هَستید، مین جی؟
مین جی : نَه، وَلی کارمَند بودَم.

① مین جی کارمَند نَبود.
② مین جی خواهَر دارَد.
③ مین جی کارمَند نیست.
④ کارمَند آنجا نیست.

10

الان ساعت دو است 지금은 2시에요

[학습목표] 시각표현하기
수(기수)

어휘

어휘	발음	의미
ساعَت	sā'at	시계, 시간, ~시
آره	āre	응
اَلان	alān	지금, 현재
چَند	chand	몇, 얼마의
دو	do	2
کِی	kei	언제
کِلاس	kelās	교실, 수업
سه و نیم	se o nim	3시 반
بَعد اَز ظُهر	ba'd az zohr	오후
تا	tā	~까지

어휘	발음	의미
دَه	dah	10
صُبح	sobh	아침, 오전

문법설명

수(기수), 시각 표현

1. 수(기수)

순번	숫자표기	문자표기	발음
1	۱	یِک	yek
2	۲	دو	do
3	۳	سه	se
4	٤	چَهار	chahār / chāhār
5	٥	پَنج	panj
6	٦	شِش	shesh
7	۷	هَفت	haft
8	۸	هَشت	hasht
9	۹	نُه	noh
10	۱۰	دَه	dah
11	۱۱	یازدَه	yāzdah

순번	숫자표기	문자표기	발음
12	١٢	دَوازدَه	davāzdah
13	١٣	سيزدَه	sizdah
14	١٤	چهاردَه	chahārdah
15	١٥	پانزدَه	pānzdah
16	١٦	شانزدَه	shānzdah
17	١٧	هِفدَه	hefdah / hivdah
18	١٨	هِجدَه	hejdah / hijdah
19	١٩	نوزدَه	nuzdah
20	٢٠	بيست	bist
30	٣٠	سی	si
40	٤٠	چهِل	chehel
50	٥٠	پَنجاه	panjāh
60	٦٠	شَصت	shast
70	٧٠	هَفتاد	haftād
80	٨٠	هَشتاد	hashtād
90	٩٠	نَوَد	navad
100	١٠٠	صَد	sad

1) 이란어의 문자는 오른쪽에서 왼쪽으로 쓰지만, 숫자는 왼쪽에서 오른쪽으로 표기한다.

2) 21 이후의 숫자들은 وَ /va/ (그리고, ~과) 를 이용하여 숫자의 조합을 표기한다. 단, 이 경우 وَ 는 /o/로 발음한다.

예)			
21	۲۱	بیست و یِک	/bist o yek/
33	۳۳	سی و سه	/si o se/
67	٦٧	شَصت و هَفت	/shast o haft/
112	۱۱۲	صَد و دَوازدَه	/sad o davāzdah/

2. 시각 표현

시각	시각표기	발음
9시	ساعَتِ نُه	sā'ate noh
오전 9시	ساعَتِ نُهِ صُبح	sā'ate nohe sobh
3시 15분	ساعَتِ سه و پانزدَه دَقیقه	sā'ate se o pānzdah daqiqe
3시 15분(1/4)	ساعَتِ سه و رُبع	sā'ate se o rob'
4시 30분	ساعَتِ چَهار و سی دَقیقه	sāate chāhār o si daqiqe
4시 반	ساعَتِ چَهار و نیم	sā'ate chāhār o nim
5시 50분	ساعَتِ پَنج و پَنجاه دَقیقه	sāate panj o panjāh daqiqe
6시 10분 전	دَه دَقیقه به شِش	dah daqiqe be shesh
6시 45분	ساعَتِ شِش و چِهِل و پَنج دَقیقه	sā'ate shish o chelel o panj daqiqe
7시 15분 전	یِک رُبع به هَفت	yek rob' be haft
밤 10시	ساعَتِ دَهِ شَب	sā'ate dahe shab

※ 단, 문맥에 따라 ساعَت 는 생략할 수도 있다.

본 문

مین جی سِتاره جان، ساعَت داری؟

setāre jān, sā'at dāri?

민지 세터레, (너는) 시계 가지고 있니?

ستاره آره.

āre.

세터레 응.

مین جی اَلان ساعَت چَند است؟

alān sā'at chand ast?

민지 지금 몇 시야?

ستاره الان ساعَتِ دو اَست.

alān sā'ate do ast.

세터레 지금 2시야.

مین جی کِی کِلاس داری؟

kei kelās dāri?

민지 (너는) 언제 수업이 있니?

ستاره ساعَتِ سه و نیم کِلاس دارَم.

sā'ate se o nim kelās dāram.

세터레 (나는) 3시 반에 수업이 있어.

تو کِی کِلاس داری، مین جی؟

to kei kelās dāri, minji?

(너는) 언제 수업이 있니?

مین جی　مَن بَعد از ظُهر کِلاس نَدارم.

man ba' d az zohr kelās nadāram.

민지 나는 오후에 수업이 없어.

تا ساعَتِ دَهِ صُبح کِلاس داشتَم.

tā sā'ate dahe sobh kelās dāshtam.

(나는) 오전 10시까지 수업이 있었어.

ستاره　خوب. پَس خُدا حافِظ.

khub. pas khodā hāfez.

세터레 좋아(그래). 그럼 잘 가.

مین جی　خُدا حافِظ.

khodā hāfez.

민지 안녕.

듣기

مین جی [سِتاره جون، ساعَت داری؟]

setāre jun, sā'at dāri?

민지 세터레, (너는) 시계 가지고 있니?

ستاره [آره.]

āre.

세터레 응.

مین جی [اَلان ساعَت چَنده؟]

alān sā'at chande?

민지 지금 몇 시야?

ستاره [الان ساعَتِ دوئه.]

alān sā'ate doe.

세터레 지금 2시야.

مین جی [کِی کِلاس داری؟]

kei kelās dāri?

민지 (너는) 언제 수업이 있니?

ستاره [ساعَتِ سه و نیم کِلاس دارَم.]

sā'ate se o nim kelās dāram.

세터레 (나는) 3시 반에 수업이 있어.

[تو کِی کِلاس داری، مین جی؟]

to kei kelās dāri, minji?

(너는) 언제 수업이 있니?

مین جی	[مَن بَعد از ظُهر کِلاس نَدارم.]
	man ba' d az zohr kelās nadāram.
민지	나는 오후에 수업이 없어.
	[تا ساعَتِ دَهِ صُبح کِلاس داشتَم.]
	tā sā'ate dahe sobh kelās dāshtam.
	(나는) 오전 10시까지 수업이 있었어.
ستاره	[خب. پَس خُدا حافِظ.]
	khob. pas khodā hāfez.
세터레	좋아(그래). 그럼 잘 가.
مین جی	[خُدا حافِظ.]
	khodā hāfez.
민지	안녕.

연습문제

<참고어휘>

어휘	발음	의미
جَلَسه	jalase	회의
دانِشگاه	dāneshgāh	대학교
باهَم	bāham	함께, 같이

쓰기

다음에 제시된 어휘로 올바른 문장 만들기.

1. 지금 몇 시입니까?

(ساعَت ، اَلان ، چَند ، اَست)

2. 우리는 오후 3시까지 수업이 있었습니다.

(کلاس ، سه ، ما، داشتیم ، تا ، ساعَت ، بَعد اَز ظُهر)

3. 지금은 5시 15분입니다.

(پَنج و رُبع ، اَلان ، اَست ، ساعَت)

4. 그들은 밤 10시에 집에 갔습니다.

(شَب ، خانه ، آنها ، ساعَت دَه ، رَفتَند ، به)

5. 당신은 12시 10분 전에 그곳에 있었습니다.

(شُما ، به ، آنجا ، بودید ، دَوازدَه ، دَه دَقیقه)

연습문제

Drill

주어진 문장을 참고하여, 아래의 문장들이 올바른 의미가 되도록 밑줄 친 부분에 알맞은 단어를 쓰시오.

1. صُبح كِلاس داشتَم.

(나는) 오전에 수업이 있었습니다.

__________ كِلاس داشتَم.

(나는) 오후에 수업이 있었습니다.

صُبح __________ داشتَم.

(나는) 오전에 회의가 있었습니다.

صُبح كِلاس __________.

(그들은) 오전에 수업이 있었습니다.

2. او ساعَتِ چَهار به شِركَت رَفت.

그는 4시에 회사에 갔습니다.

__________ ساعَتِ چَهار به شِركَت __________.

나는 4시에 회사에 갔습니다.

او __________ به شِركَت رَفت.

그는 9시 반에 회사에 갔습니다.

او ساعَتِ چَهار به __________ رَفت.

그는 4시에 대학교에 갔습니다.

연습문제

3. مادَر شُما کِی اینجا اَست؟

당신의 어머니는 언제 여기에 계십니까?

__________ کِی اینجا اَست؟

그 엔지니어는 언제 이곳에 계십니까?

مادَرِ شُما __________ اینجا اَست؟

당신의 어머니는 밤에 여기에 계십니까?

مادَرِ شُما کِی اینجا __________؟

당신의 어머니는 언제 여기에 계셨습니까?

회화 테스트

1. 어제 오전 9시 날씨는 화창했습니다.
2. 그 선생님은 5시 15분까지 수업이 있었습니다.
3. 몇 시입니까?
4. 세터레는 7시에 어디에 있었습니까?
5. 그들의 회의는 4시 반까지였습니다.

단원평가(Flex 문제)

1. 다음 대화를 듣고, 옳은 문장을 고르시오.

ستاره : مین جی، الان ساعَت چَند اَست؟
مین جی : ساعَت دو.
ستاره : کِلاس داری؟
مین جی : بَله. تا ساعَت چَهار کِلاس دارَم.

① سِتاره وَ مین جی بَعد اَز ظُهر کِلاس نَدارَند.
② الان ساعَت چَهار اَست.
③ مین جی تا ساعَت چَهار کِلاس دارَد.
④ سِتاره ساعَت چَهار کِلاس دارَد.

2. 다음 대화를 듣고, 옳은 문장을 고르시오.

ستاره : دیروز کُجا رَفتی، مین جی؟
مین جی : به خانه ی مُعَلّم رَفتَم.

① دیروز سِتاره وَ مین جی باهم بودَند.
② دیروز مین جی به دانِشگاه رَفت.
③ دیروز سِتاره به خانه ی مُعَلّم رَفت.
④ دیروز مین جی به خانه ی مُعَلّم رَفت.

11

این پیراهن چند است؟ 이 셔츠 얼마에요?

[학습목표] 물건사기
동사의 현재시제

어휘

어휘	발음	의미
پیراهن	pirāhan	셔츠
مردانه	mardāne	남성용의
برای	barāye	…을 위하여
می خواهید	mi khāhid	(당신(들)은) …을 원한다
می خواهم	mi khāham	(나는) …을 원한다
سفید	sefid	하얀, 흰색의
رنگ	rang	색, 색상
دیگر	digar	다른, 그 밖의
چرا	cherā	왜? (부정의문문에 대한 대답으로) 예
سیاه	siyāh	검은, 검은색의

어휘	발음	의미
صورتی	surati	분홍색의
آبی	ābi	푸른, 푸른색의
آبی رنگ	ābi rang	푸른색
قشنگ	qashang	예쁜
قیمت	qeimat	가격
قابلی ندارد	qābeli nadārad	괜찮습니다[1]
۲۰۰۰۰ (بیست هزار)	bist hezār	20,000
تومان	tomān	토먼(이란의 화폐 단위)
یعنی	ya'ni	즉, 말하자면
۲۰۰۰۰۰ (دویست هزار)	devist hezār	200,000
ریال	riyāl	리얼 (이란의 화폐 단위)
گران	gerān	비싼
اصلاً	aslan	전혀, 근본적으로
جنس	jens	상품, 품질, 성별
را	rā	…을/를 (목적격조사)
می خرم	mi kharam	(나는) …을 산다/구입한다

1) 직역하면, '(그 물건은 당신만큼) 가치를 가지고 있지 않습니다'의 의미이다.

문법설명

동사의 현재시제

1. 동사의 현재시제

1) 현재시제는 현재의 상태나 동작 및 진행을 나타낼 때 사용된다.

2) 동사의 현재형은 접두사 **می** /mi/ 에 현재어근과 현재형 어미를 연결하여 형성한다.

동사의 현재형 = **می** /mi/ + 현재어근 + 현재형 어미

① 접두사 **می** /mi/는 지속, 진행 및 습관의 의미를 가지고 있다.

② 현재어근은 일반적으로 사전을 통해 암기해야 한다. 대부분의 동사는 규칙이 적용된다. 그러나 아래의 동사들은 불규칙이므로, 반드시 암기해야 한다.

예) **خواستن** /khāstan/ 원하다 → **خواه** /khāh/
بودن /budan/ ...이다, 있다 → **باش** /bāsh/
(**بودن** 동사 제 3형의 현재어근)

③ 현재형 어미

인칭	단수		복수	
1	...َم	/am/	...یم	/im/
2	...ی	/i/	...ید	/id/
3	...َد	/ad/	...َند	/and/

예) **خواستن** 의 현재형

인칭	단수		복수	
1	می خواهَم	/mi khāham/	می خواهیم	/mi khāhim/
2	می خواهی	/mi khāhi/	می خواهید	/mi khāhid/
3	می خواهَد	/mi khāhad/	می خواهَند	/mi khāhand/

بودن 의 현재시제 제3형

인칭	단수		복수	
1	می باشم	/mi bāsham/	می باشیم	/mi bāshim/
2	می باشی	/mi bāshi/	می باشید	/mi bāshid/
3	می باشد	/mi bāshad/	می باشند	/mi bāshand/

④ 현재어근이 모음으로 끝나는 경우, 현재어근과 현재형어미 사이에 ی를 첨가한다.

예) آمدن /āmadan/ 오다 → آ /ā/

인칭	단수		복수	
1	می آیم	/mi yāyam/	می آییم	/mi yāyim/
2	می آیی	/mi yāyi/	می آیید	/mi yāyid/
3	می آید	/mi yāyad/	می آیند	/mi yāyand/

예) شستن /shostan/ 씻다, 닦다 → شو /shu/

인칭	단수		복수	
1	می شویم	/mi shuyam/	می شوییم	/mi shuyim/
2	می شویی	/mi shuyi/	می شویید	/mi shuyid/
3	می شوید	/mi shuyad/	می شویند	/mi shuyand/

⑤ 복합동사는 보조동사 부분만 시제 활용이 적용된다.

복합동사 = 동사 앞 부분(명사, 형용사, 부사, 전치사) + 보조동사
현재형 = می /mi/ + 보조동사의 현재어근 + 현재형 어미

예) زندگی + کردن → زندگی کردن /zendegi + kardan = zendegi kardan/
삶/생활(명사) + 하다(동사) = 살다/생활하다

زندگی کردن /zendegi kardan/ → زندگی کن /zendegi kon/[2]

2) 동사 کردن의 현재어근은 کن이다.

인칭	단수	복수
1	زندگی می کنم	زندگی می کنیم
	/zendegi mi konam/	/zendegi mi konim/
2	زندگی می کنی	زندگی می کنید
	/zendegi mi koni/	/zendegi mi konid/
3	زندگی می کند	زندگی می کنند
	/zendegi mi konad/	/zendegi mi konand/

2) 현재시제 부정형은 접두사 می 에 부정접두사 نَه 를 붙인다. 단, ه 가 탈락된 نَـ 로 연결하되, می 와 연결될 때에는 /nami/가 아닌 /nemi/로 발음된다.

예) من نمی خواهم. /man nemi khāham/
나는 원하지 않는다.

او هرروز پیراهن نمی شوید. /u harruz pirāhan nemi suyad/
그는 매일 셔츠를 빨지 않는다.

آنها در تهران زندگی نمی کنند. /ānhā dar tehrān zendegi nemi konand/
그들은 테헤란에 살지 않는다.

본 문

ستاره　　سلام. بفرمایید.

salām. befarmāyid

세터레　안녕하세요. 어서오세요.

مین جی　　سلام. پیراهن مردانه دارید؟

salām. pirāhane mardāne dārid?

민지　안녕하세요. 남성용 셔츠 있나요? (당신은 남성용 셔츠를 가지고 있나요?)

ستاره　　بله. برای کی می خواهید؟

bale. barāye ki mi khāhid?

세터레　네. 어느 분 것을 원하세요? (누구를 위해서 원하세요?)

مین جی　　برای پدر می خواهم.

barāye pedar mi khāham.

민지　아빠 것이요.(아빠를 위해서 원해요)

ستاره　　این پیراهن سفید چطور است؟

in pirāhane sefid chetour ast?

세터레　이 흰색 셔츠 어떠세요?

مین جی　　بد نیست. ولی رنگ دیگر ندارید؟

bad nist, vali range digar nadārid?

민지　괜찮네요. 그렇지만, 다른 색깔은 없나요?(당신은 다른 색깔을 가지고 있지 않나요?)

ستاره　　چرا. سیاه، صورتی و آبی هم هست.

cherā. siyāh, surati va ābi ham hast.

세터레　네(가지고 있지요). 검정색, 분홍색 그리고 파란색도 있어요.

مین جی　این پیراهن آبی رنگ خیلی قشنگ است.

in pirāhane ābi rang kheili qashang ast.

민지 이 파란색 셔츠가 정말 예쁘네요.

قیمت این پیراهن چند است؟

qeimate in pirāhan chand ast?

이 셔츠의 가격은 얼마인가요?

ستاره　قابلی ندارد.

qābeli nadārad.

세터레 괜찮습니다. (가치를 가지고 있지 않습니다.)

۲۰۰۰۰ (بیست هزار) تومان است.

bist hezār tomān ast.

2만 토먼이에요.

یعنی، ۲۰۰۰۰۰ (دویست هزار) ریال.

ya'ni, devist hezār riyāl.

즉, 20만 리얼이에요.

مین جی　خیلی گران است.

kheili gerān ast.

민지 정말 비싸네요.

ستاره　اصلاً گران نیست. جنس خوبی است.

aslan gerān nist. jense khubi ast.

세터레 전혀 비싸지 않아요. 좋은 상품이에요.

مین جی　خوب. این را می خرم.

khub. in rā mi kharam.

민지 좋아요. 이것을 살게요.

듣기

ستاره [سلام. بفرمایین.]

salām. befarmāyin.

세터레 안녕하세요. 어서오세요.

مین جی [سلام. پیراهن مردونه دارین؟]

salām. pirāhane mardune dārin?

민지 안녕하세요. 남성용 셔츠 있나요?(당신은 남성용 셔츠를 가지고 있나요?)

ستاره [بله. برای کی می خاین؟]

bale. barāye ki mi khāin?

세터레 네. 어느 분 것을 원하세요?(누구를 위해서 원하세요?)

مین جی [برای پدر می خام.]

barāye pedar mi khām.

민지 아빠 것이요.(아빠를 위해서 원해요)

ستاره [این پیراهن سفید چطوره؟]

in pirāhane sefid chetoure?

세터레 이 흰색 셔츠 어떠세요?

مین جی [بد نیس، ولی رنگ دیگه ندارین؟]

bad nis, vali range dige nadārin?

민지 괜찮네요. 그렇지만, 다른 색깔은 없나요?(당신은 다른 색깔을 가지고 있지 않나요?)

ستاره [چرا. سیاه، صورتی و آبی هم هس.]

cherā. siyāh, surati o ābi ham has.

세터레 네(가지고 있지요.). 검정색, 분홍색 그리고 파란색도 있어요.

مین جی [این پیراهن آبی رنگ خیلی قشنگه.]

in pirāhane ābi rang kheili qashange.

민지 이 파란색 셔츠가 정말 예쁘네요.

[قیمت این پیراهن چنده؟]

qeimate in pirāhan chande?

이 셔츠의 가격은 얼마인가요?

ستاره [قابلی نداره.]

qābeli nadāre.

세터레 괜찮습니다. (가치를 가지고 있지 않습니다.)

[۲۰۰۰۰ (بیست هزار) تومانه.]

bist hezār tumāne.

2만 토먼이에요.

[یعنی، ۲۰۰۰۰۰ (دویست هزار) ریال.]

ya'ni, divist hezār riyāl.

즉, 20만 리얼이에요.

مین جی [خیلی گرونه.]

kheili gerune.

민지 정말 비싸네요.

ستاره [اصلا گرون نیس. جنس خوبیه.]

aslan gerun nis. jense khubie.

세터레 전혀 비싸지 않아요. 좋은 상품이에요.

مین جی [خب. اینو می خرم.]

khob. ino mi kharam.

민지 좋아요. 이것을 살게요.

연습문제

<참고어휘>

어휘	발음	의미
شلوار	shalvār	바지
بلوز	boluz	블라우스
لباس	lebās	옷
برند	berand	브랜드, 상표
قرمز	qermez	빨간, 빨간색의
ارزان	arzān	(값이) 싼

쓰기

다음에 제시된 어휘로 올바른 문장 만들기.

1. 이 파란색 셔츠가 정말 예쁘네요.

(پیراهن ، خیلی ، است ، این ، قشنگ ، آبی)

2. 이것은 아주 비쌉니다. (این ، گران ، خیلی ، است)

3. 이 검정색 바지를 사겠습니다. (شلوار ، این ، را ، می خرم ، سیاه)

4. 이것은 얼마인가요? (این ، چند ، است)

5. 다른 색깔 블라우스도 있나요? (هم ، دارید ، بلوز ، دیگر ، رنگ)

연습문제

Drill

주어진 문장을 참고하여, 아래의 문장들이 올바른 의미가 되도록 밑줄 친 부분에 알맞은 단어를 쓰시오.

1. رنگ این لباس چیست؟

이 옷의 색은 무엇입니까?

__________ این لباس چیست؟

이 옷의 브랜드는 무엇입니까?

رنگ __________ چیست؟

이 펜의 색깔은 무엇입니까?

رنگ این لباس __________.

이 옷의 색깔은 빨강입니다.

2. دیروز ستاره کیف مردانه خرید.

어제 세터레는 남성용 가방을 샀습니다.

__________ ستاره کیف مردانه خرید.

아침에 세터레는 남성용 가방을 샀습니다.

دیروز __________ کیف مردانه خرید.

어제 그의 어머니는 남성용 가방을 샀습니다.

دیروز ستاره __________ خرید.

어제 세터레는 흰 색 블라우스를 샀습니다.

연습문제

3. این صندلی خیلی گران است.

이 의자는 매우 비쌉니다.

________________ خیلی گران است.

이 파란색 셔츠는 매우 비쌉니다.

این صندلی خیلی ________ است.

이 의자는 매우 쌉니다.

این صندلی خیلی گران ________.

이 의자는 매우 비싸지 않았습니다.

회화 테스트

1. 이것은 좋은 상품입니다.
2. 이 셔츠의 가격은 200,000 리얄입니다.
3. 괜찮습니다(가치를 가지고 있지 않습니다.)
4. (나는) 흰 색 셔츠를 원합니다.
5. (당신은) 다른 색깔을 가지고 있지 않나요?

단원평가(Flex 문제)

1. 다음 대화를 듣고, 옳은 문장을 고르시오.

مین جی : سلام. پیراهن مردانه دارید؟
ستاره : بله، برای کی می خواهید؟
مین جی : برای پدر می خواهم.
ستاره : این پیراهن سفید چطور است؟
مین جی : بد نیست، ولی رنگ دیگر ندارید؟

① مین جی برای مادر لباس می خرد.
② مین جی پیراهن سفید می خرد.
③ مین جی برای پدر پیراهن مردانه می خواهد.
④ اینجا پیراهن سفید نیست.

2. 다음 대화를 듣고, 옳은 문장을 고르시오.

مین جی : قیمت این پیراهن چند است؟
ستاره : قابلی ندارد. بیست هزار تومان است. یعنی، دویست هزار ریال.
مین جی : خیلی گران است.

① هزار تومان، یعنی ده هزار ریال است.
② مین جی پول ندارد.
③ قیمت این پیراهن چهار هزار تومان است.
④ مین جی این پیراهن را می خرد.

12

من در تهران زندگی می کنم 나는 테헤란에 살아요

[학습목표] 장소 말하기
전치사, 소유격 비분리 인칭대명사

어휘

어휘	발음	의미
در	dar	…에, 에서
کجا	kojā	어디에, 어디에서
زندگی می کنی	zendegi mi koni	(너는) … 산다 / 살고 있다
تهران	tehrān	테헤란
زندگی می کنم	zendegi mi konam	(나는) … 산다 / 살고 있다
خانه ام	khāneam	나의 집
نزدیک	nazdik	가까운
میدان	meidān	광장
با	bā	…와 함께
خانه ات	khāneat	너의 집
سئول	se'ul	서울

어휘	발음	의미
زندگی نمی کنم	zendegi nemi konam	(나는) … 살지 않는다
قبلاً	qablan	전에, 이전에
فقط	faqat	단지, 오직
خواهرم	khāharam	나의 여자형제
روستا	roustā	시골
زندگی می کنند	zendegi mi konand	(그들은) … 산다 / 살고 있다

문법설명

전치사, 소유격 비분리 인칭대명사

1. 전치사

1) 사전적 의미대로 전치사는 명사와 명사구 앞에 위치한다.

2) 전치사와 명사 사이의 에저페는 세 가지로 나눈다.

① 에저페를 동반하는 전치사 : **بالایِ, پیشِ, زیرِ** 등

예)			
	زیرِ میز	/zire miz/	책상 밑에
	پیشِ معلم	/pishe mo'allem/	선생님에게, 선생님 앞에
	بالایِ درخت	/bālāye derakht/	나무 위에

② 에저페를 동반하지 않는 전치사 : **به, با, در** 등

예)	در دانشگاه	/dar dāneshgāh/	대학교에, 대학교에서
	با دوست	/bā dust/	친구와
	به خانه ی مادربزرگ	/be khāneye mādarbozorg/	할머니댁에

③ 에저페를 선택적으로 동반할 수 있는 전치사 : تو(ی), رو(ی) 등

예)	رو(ی) میز	/ru(ye) miz/	책상 위에
	تو(ی) دریا	/tu(ye) daryā/	물 (속)에, 물에서

2. 소유격 비분리 인칭대명사

1) 비분리 인칭대명사는 명사 뒤에 접미되어 소유격으로 활용된다.

① 마지막 음가가 자음인 경우, 그 뒤에 연이어 비분리 인칭대명사가 온다.

인칭	단수			복수		
1	کتابَم	/ketābam/	나의 책	کتابِمان	/ketābemān/	우리의 책
2	کتابَت	/ketābat/	너의 책	کتابِتان	/ketābetān/	당신(들)의 책
3	کتابَش	/ketābash/	그의 책	کتابِشان	/ketābeshān/	그들의 책

② 마지막 음가가 모음 ا 와 و 로 끝나는 경우, ی를 첨가하고 비분리 인칭대명사를 연결한다.

인칭	단수			복수		
1	پایم	/pāyam/	나의 발	پایمان	/pāyemān/	우리의 발
2	پایت	/pāyat/	너의 발	پایتان	/pāyetān/	당신(들)의 발
3	پایش	/pāyash/	그의 발	پایشان	/ pāyeshān/	그들의 발

인칭	단수			복수		
1	کادویم	/kādoyam/	나의 선물	کادویمان	/kādoyemān/	우리의 선물
2	کادویت	/kādoyat/	너의 선물	کادویتان	/kādoyetān/	당신(들)의 선물
3	کادویش	/kādoyash/	그의 선물	کادویشان	/kādoyeshān/	그들의 선물

③ 마지막 음가가 모음 ی 로 끝나는 경우, i) 단수형은 자음 ا 를 첨가하고 어휘와 분리해서 비분리 인칭대명사를 연결하며, ii) 복수형은 어휘 뒤에 연이어서 쓴다.

인칭	단수			복수		
1	بینی ام	/biniam/	나의 코	بینی مان (= بینیمان)	/binimān/	우리의 코
2	بینی ات	/biniat/	너의 코	بینی تان (= بینیتان)	/binitān/	당신(들)의 코
3	بینی اش	/biniash/	그의 코	بینی شان (= بینیشان)	/binishān/	그들의 코

④ 마지막 음가가 묵음의 ه 로 끝나는 경우, 단수형에는 자음 ا 를 첨가하고, 복수형에는 명사 또는 명사구와 분리해서 비분리 인칭대명사를 연결한다.

인칭	단수			복수		
1	**خانه ام**	/khāneam/	나의 집	**خانه مان**	/khānemān/	우리의 집
2	**خانه ات**	/khāneat/	너의 집	**خانه تان**	/khānetān/	당신(들)의 집
3	**خانه اش**	/khāneash/	그의 집	**خانه شان**	/khāneshān/	그들의 집

본 문

مین جی　در ایران کجا زندگی می کنی؟

dar irān kojā zendegi mi koni?

민지 이란의 어디 사니?

ستاره　من در تهران زندگی می کنم.

man dar tehrān zendegi mi konam.

세터레 테헤란에 살아.

مین جی　کجای تهران زندگی می کنی؟

kojāye tehrān zendegi mi koni?

민지 테헤란의 어디 사니?

ستاره　خانه ام نزدیک میدان ونک است.

khāneam nazdike medāne vanak ast.

세터레 나의 집은 바낙 광장 근처에 있어.

مین جی　با کی زندگی می کنی؟

bā ki zendegi mi koni?

민지 누구와 함께 살아?

ستاره　با خانواده ام زندگی می کنم.

bā khānevādeam zendegi mi konam.

세터레 나의 가족과 함께 살아.

مین جی، خانه ات کجاست؟

minji, khāneat kojāst?

민지야, 너희 집은 어디야?

مین جی من در سئول زندگی می کنم.

man dar se'ul zendegi mi konam.

민지 나는 서울에 살아.

ستاره با خانواده ات زندگی می کنی؟

bā khānevadeat zendegi mi koni?

세터레 너희 가족과 사니?

مین جی نه، با خانواده ام زندگی نمی کنم.

na, bā khānevādeam zendegi nemi konam.

민지 아니, 나의 가족과 살지 않아.

فقط با خواهرم زندگی می کنم.

faqat bā khāharam zendegi mi konam.

나의 여자형제와만 살아.

پدر و مادرم در روستا زندگی می کنند.

pedar va mādaram dar rustā zendegi mi konand.

나의 아버지와 어머니는 시골에 사셔.

듣기

مین جی [تو ایران کجا زندگی می کنی؟]

tu irān kojā zendegi mi koni?

민지 이란의 어디 사니?

ستاره [من تو تهران زندگی می کنم.]

man tu tehrān zendegi mi konam.

세터레 테헤란에 살아.

مین جی [کجای تهران زندگی می کنی؟]

kojāye tehrān zendegi mi koni?

민지 테헤란의 어디 사니?

ستاره [خونم نزدیک میدون ونکه.]

khunam nazdike medune vanake.

세터레 나의 집은 바낙 광장 근처에 있어.

مین جی [با کی زندگی می کنی؟]

bā ki zendegi mi koni?

민지 누구와 함께 살아?

ستاره [با خونوادم زندگی می کنم.]

bā khunevādam zendegi mi konam.

세터레 나의 가족과 함께 살아.

[مین جی، خونت کجاس؟]

minji, khunet kojās?

민지야, 너희 집은 어디야?

مین جی [من تو سئول زندگی می کنم.]

man tu se'ul zendegi mi konam.

민지 나는 서울에 살아.

[با خونوادت زندگی می کنی؟]

bā khunevadet zendegi mi koni?

너희 가족과 사니?

ستاره [نه، با خونوادم زندگی نمی کنم.]

na, bā khunevādam zendegi nemi konam.

세터레 아니, 나의 가족과 살지 않아.

[فقط با خواهرم زندگی می کنم.]

faqat bā khāharam zendegi mi konam.

나의 여자형제와만 살아.

[پدر و مادرم تو روستا زندگی می کنن.]

pedar o mādaram tu rustā zendegi mi konan.

나의 아버지와 어머니는 시골에 사셔.

연습문제

<참고어휘>

어휘	발음	의미
پارک	pārk	공원
دوست	dust	친구
دفتر	daftar	사무실
جلوی	jeloye	…의 앞에
از	az	…로부터
دور	dur	거리가 먼

쓰기

다음에 제시된 어휘로 올바른 문장 만들기.

1. 나의 가족은 테헤란에 살고 있습니다.
(زندگی می کند ، در ، خانواده ام ، تهران)

2. 대학교는 나의 집 근처에 있습니다. (خانه ام ، است ، نزدیک ، دانشگاه)

3. 그는 친구와 함께 공원에 있었습니다. (با ، پارک ، بود ، در ، دوست ، او)

4. 너는 시골에 사니? (زندگی می کنی ، در ، تو ، روستا)

5. (당신들은) 이란의 어디에 사세요? (ایران ، زندگی می کنید ، کجای)

연습문제

Drill

주어진 문장을 참고하여, 아래의 문장들이 올바른 의미가 되도록 밑줄 친 부분에 알맞은 단어를 쓰시오.

1. **من در سئول زندگی می کنم.**

나는 서울에 살고있습니다.

__________ در سئول __________.

그들은 서울에 살고있습니다.

من __________ زندگی می کنم.

나는 큰 집에 살고있습니다.

من در سئول __________ .

나는 서울에 살지 않습니다.

2. **خانه ات کجاست؟**

너의 집은 어디니?

__________ کجاست؟

너의 사무실은 어디니?

خانه ات __________ ؟

너의 집이 여기니?

연습문제

3. .خانه ام نزدیک میدان ونک است

나의 집은 바낙 광장 근처입니다.

.__________ نزدیک میدان ونک است

그들의 대학교는 바낙 광장 근처입니다.

.خانه ام __________ میدان ونک است

나의 집은 바낙 광장 앞입니다.

.__________ خانه ام نزدیک میدان ونک

나의 집은 바낙 광장 근처였습니다.

회화 테스트

1. 그의 친구의 집은 어디입니까?
2. 세터레는 누구와 함께 사나요?
3. 나의 아버지와 어머니는 서울에 살고 계십니다.
4. 나의 남자형제는 나와 함께 살지 않습니다.
5. 그의 할머니 댁은 나의 학교 근처에 있습니다.

단원평가(Flex 문제)

1. 다음 대화를 듣고, 옳은 문장을 고르시오.

ستاره : مین جی ، خانه ات کجاست؟

مین جی : من در سئول زندگی می کنم.

ستاره : با خانواده ات زندگی می کنی؟

مین جی : نه، با خانواده ام زندگی نمی کنم. فقط با خواهرم زندگی می کنم.

① مین جی در تهران زندگی می کند.

② مین جی با خانواده اش زندگی می کند.

③ مین جی فقط برادر دارد.

④ مین جی با خواهرش زندگی می کند.

2. 다음 대화를 듣고, 옳은 문장을 고르시오.

مین جی : ستاره، در ایران کجا زندگی می کنی؟

ستاره : من در تهران زندگی می کنم.

مین جی : کجای تهران زندگی می کنی؟

ستاره : خانه ام نزدیک میدان ونک است.

① ستاره در ایران زندگی نمی کند.

② خانه ی ستاره در تهران است.

③ ستاره خانه دارد.

④ خانه ی ستاره از میدان ونک دور است.

13

پنج شنبه آخر هفته است 목요일은 주말이에요

[학습목표] 날짜 및 요일 표현하기
수(서수)

어휘

어휘	발음	의미
فردا	fardā	내일
چندم	chandom	몇 번째(의), 며칠(의)
پنجم	panjom	다섯번째(의)
مارس	mārs	(서기력) 3월
چه کار می کنی	che kār mi koni	(너는) 무엇을 하니?
چه روزی	che ruzi	무슨 요일
شنبه	shanbe	토요일
روز	ruz	일(日), 낮, 요일
اول	avval	첫째의, 최초의
هفته	hafte	주(週), 일주일
آخر هفته	ākhare hafte	주말

어휘	발음	의미
پس	pas	그러면, 그래서
چند شنبه	chand shanbe	무슨 요일
تعطیل	ta'til	휴일, 휴가, 휴업
جمعه	jom'e	금요일
معمولاً	ma'mulan	보통, 일반적으로
استراحت می کنم	esterāhat mi konam	(나는) 휴식한다.

문법설명

수(서수), 날짜 및 요일 표현하기

1. 서수

1) 서수는 기수에 ...مُ /om/을 접미한다. 단, '첫 번째'는 아랍어(اول)를 주로 활용하고, '두 번째'와 '세 번째'는 철자 및 발음 변형이 있다.

어휘	발음	의미
یکم / اول	yekom / avval	첫 번째(의)
دوم	dovvom	두 번째(의)
سوم	sevvom	세 번째(의)
چهارم	chāhārom	네 번째(의)
پنجم	panjom	다섯 번째(의)
دهم	dahom	열 번째(의)
بیستم	bistom	스무 번째(의)

어휘	발음	의미
سی ام	siom	서른 번째(의)
چهلم	chehelom	마흔 번째(의)
صدم	sadom	백 번째(의)
هزارم	hezārom	천 번째(의)

2. 날짜 표현하기

1) '일(日)'은 보통 서수를 이용한다.

2) 서기력의 월(月) 이름

1월	ژانویه	zhānviye	7월	ژوییه	zhuiye
2월	فوریه	fevriye	8월	اوت	ut
3월	مارس	mārs	9월	سپتامبر	septāmbr
4월	آوریل	āvril	10월	اکتبر	oktobr
5월	مه	me	11월	نوامبر	novāmbr
6월	ژوئن	zhu'an	12월	دسامبر	desāmbr

3) 이란력의 월(月) 이름

فروردین	farvardin	3월21일 ~4월20일[1]	مهر	mehr	9월23일 ~10월22일
اردیبهشت	ordibehesht	4월21일 ~5월21일	آبان	ābān	10월23일 ~11월21일
خرداد	khordād	5월22일 ~6월21일	آذر	āzar	11월22일 ~12월21일
تیر	tir	6월22일 ~7월22일	دی	dey	12월22일 ~1월20일
مرداد	mordād	7월23일 ~8월22일	بهمن	bahman	1월21일 ~2월19일
شهریور	shahrivar	8월23일 ~9월22일	اسفند	esfand	2월20일 ~3월20일

*이란력 فروردین 월부터 شهریور 월은 31일씩이고, مهر 월부터 بهمن 월은 30일씩이다. اسفند 월은 29일 혹은 30일이다.

4) 날짜는 일, 월, 연도의 순으로 활용된다. 단, 일은 기수와 서수 모두로 표현 가능하다.

예) ٢٠١٦ / ١ /٢٤ (서기력 2016년 1월 24일)

بیست و چهارم ژانویه ی دو هزار و شانزده میلادی

/bist o chāhārome zhānvieye do hezār o shānzdahe milādi/

بیست و چهار ژانویه ی دو هزار و شانزده میلادی

/bist o chāhāre zhānvieye do hezār o shānzdahe milādi/

1) 이란력에 대응하는 서기력에 해당된다.

۱۳۹٤ / ۱۱ /٤ (이란력 1394년 11월 4일)

چهارم بهمن هزار و سیصد و نود و چهار هجری شمسی

/chāhārome bahmane hezār o si sad o navad o chāhāre hejriye shamsi/

چهار بهمن هزار و سیصد و نود و چهار هجری شمسی

/chāhāre bahmane hezār o si sad o navad o chāhāre hejriye shamsi/

3. 요일 표현하기

토요일	شنبه	shanbe	일요일	یکشنبه	yekshanbe
월요일	دوشنبه	doshanbe	화요일	سه شنبه	seshanbe
수요일	چهارشنبه	chāhārshanbe	목요일	پنج شنبه	panjshanbe
금요일	جمعه	jom'e			

※ 이란의 한 주는 토요일에 시작하며, 주말은 목요일과 금요일에 해당한다.

본 문

مین جی　فردا چندم است؟

fardā chandom ast?

민지　내일 며칠이지?

ستاره　فردا پنجم مارس است.

fardā panjome mārs ast.

세터레　내일은 3월 5일이야.

مین جی　فردا چه کار می کنی؟

fardā che kār mi koni?

민지　내일 (너는) 무엇을 할거니?

ستاره　فردا چه روزی است؟

fardā che ruzi ast?

세터레　내일 무슨 요일이지?

مین جی　شنبه است.

shanbe ast.

민지　토요일이야.

ستاره　به دانشگاه می روم.

be dāneshgāh mi ravam.

세터레　(나는) 학교(대학교)에 가.

مین جی　شنبه هم کلاس داری؟

shanbe ham kelās dari?

민지　(너는) 토요일에도 수업이 있어?

ستاره　آره. در ایران شنبه روز اول هفته است.

āre. dar irān shanbe ruze avvale hafte ast.

세테레　응. 이란에서는 토요일이 일주일의 첫 날이야.

مین جی　پس در ایران آخر هفته چند شنبه است؟

pas dar irān ākhare hafte chand shanbe ast?

민지　그러면, 이란에서는 무슨 요일이 주말이야?

ستاره　در ایران جمعه تعطیل است.

dar irān jom'e ta'til ast.

세테레　이란에서는 금요일이 휴일이야.

مین جی　جمعه چه کار می کنی؟

jom'e che kār mi koni?

민지　금요일에는 (너는) 무엇을 해?

ستاره　معمولاً در خانه استراحت می کنم.

ma'mulan dar khāne esterāhat mi konam.

세테레　보통 (나는) 집에서 쉬어. (휴식해)

듣 기

مین جی **[فردا چندمه؟]**

fardā chandome?

민지 내일 며칠이지?

ستاره **[فردا پنجم مارسه.]**

fardā panjome mārse.

세터레 내일은 3월 5일이야.

مین جی **[فردا چی کار می کنی؟]**

fardā chi kār mi koni?

민지 내일 (너는) 무엇을 할거니?

ستاره **[فردا چه روزیه؟]**

fardā che ruziye?

세터레 내일 무슨 요일이지?

مین جی **[شمبس.]**

shambas.

민지 토요일이야.

ستاره **[می رم دانشگاه.]**

mi ram dāneshgāh.

세터레 (나는) 학교(대학교)에 가.

مین جی **[شمبه هم کلاس داری؟]**

shambe ham kelās dari?

민지 (너는) 토요일에도 수업이 있어?

ستاره [آره. تو ایران شمبه روز اول هفته اس.]

āre. tu irān shambe ruze avvale hafte as.

세터레 응. 이란에서는 토요일이 일주일의 첫 날이야.

مین جی [پس تو ایران آخر هفته چند شمبه اس؟]

pas tu irān ākhare hafte chand shambe as?

민지 그러면, 이란에서는 무슨 요일이 주말이야?

ستاره [تو ایران جمعه تعطیله.]

tu irān jom'e ta'tile.

세터레 이란에서는 금요일이 휴일이야.

مین جی [جمعه چی کار می کنی؟]

jom'e chi kār mi koni?

민지 금요일에는 (너는) 무엇을 해?

ستاره [معمولاً تو خونه استراحت می کنم.]

ma'mulan tu khune esterāhat mi konam.

세터레 보통 (나는) 집에서 쉬어. (휴식해)

연습문제

<참고어휘>

어휘	발음	의미
همیشه	hamishe	항상, 늘
کشور	keshvar	국가, 나라
روز کار	ruze kār	평일

쓰기

다음에 제시된 어휘로 올바른 문장 만들기.

1. 오늘은 수요일입니다. **(است ، امروز ، چهارشنبه)**
2. 내일은 (이란력) 5월 23일이야. **(بیست و سوم ، فردا ، است ، مرداد)**
3. 이란에서는 금요일이 휴일이야. **(تعطیل ، است ، جمعه ، است ، ایران ، در)**
4. 한국에서는 월요일이 일주일의 첫 날이야. **(روز ، هفته ، در ، کره ، اول ، دوشنبه، است)**
5. (너는) 토요일에도 수업이 있어? **(داری ، هم ، کلاس ، شنبه)**

연습문제

Drill

주어진 문장을 참고하여, 아래의 문장들이 올바른 의미가 되도록 밑줄 친 부분에 알맞은 단어를 쓰시오.

1. **معمولا در خانه چه کار می کنید؟**

보통 집에서 무엇을 하십니까?

__________ در خانه چه کار می کنید؟

항상 집에서 무엇을 하십니까?

معمولا __________ چه کار می کنید؟

보통 공원에서 무엇을 하십니까?

معمولا در خانه __________.

(나는) 보통 집에서 휴식을 합니다.

2. **امروز چه روزی است؟**

오늘은 무슨 요일입니까?

__________ چه روزی است؟

내일은 무슨 요일입니까?

امروز __________ است؟

오늘은 무슨 요일입니까?

연습문제

3. در ایران پنجشنبه و جمعه آخر هفته است.

이란에서 목요일과 금요일은 주말입니다.

__________ پنجشنبه و جمعه آخر هفته است.

이 국가에서 목요일과 금요일은 주말입니다.

در ایران __________ __________ است.

이란에서 토요일은 평일입니다.

회화 테스트

1. 내일이 며칠이지?
2. 이란에서는 토요일이 일주일의 첫 날이야.
3. 오늘은 무슨 요일이지?
4. 오늘은 4월 17일입니다.
5. 어제는 휴일이었습니다.

단원평가(Flex 문제)

1. 다음 대화를 듣고, 옳은 문장을 고르시오.

مین جی : ستاره جان، فردا چه کار می کنی؟
ستاره : فردا چه روزی است؟
مین جی : شنبه است.
ستاره : به دانشگاه می روم.

① ستاره شنبه به دانشگاه می رود.
② ستاره فردا به خانه ی مادربزرگ می رود.
③ دیروز ستاره در دانشگاه بود.
④ امروز دوشنبه است.

2. 다음 대화를 듣고, 옳은 문장을 고르시오.

ستاره : در ایران شنبه روز اول هفته است.
مین جی : پس در ایران آخر هفته چند شنبه است؟
ستاره : در ایران جمعه تعطیل است.

① در ایران شنبه تعطیل است.
② در ایران شنبه آخر هفته است.
③ در ایران جمعه روز کار است.
④ در ایران جمعه آخر هفته است.

14

سرگرمی شما چیست؟ 당신의 취미는 무엇이에요?

[학습목표] 취미 말하기
비교급과 최상급

어휘

어휘	발음	의미
سرگرمی	sargarmi	취미
تابستان	tābestān	여름
شنا	shenā	수영
زمستان	zemestān	겨울
اسکی	eski	스키
حتماً	hatman	반드시, 분명히
دوست دارید	dust dārid	(당신(들)은) 좋아한다
دوست دارم	dust dāram	(나는) 좋아한다
موردِ	mourede	…의 대상
علاقه	'alāqe	흥미, 애정

어휘	발음	의미
(به...)علاقه ندارم	(be…) ‘alāqe nadāram	(나는) (…을) 좋아하지 않는다 (…에) 흥미가 없다
موسیقی	musiqi	음악
بیشتر	bishtar	더 많은, 더 많이
از	az	…로부터, …보다
ساز	sāz	악기
می زنید	mi zanid	(당신(들)은)…을 친다, 때린다, 연주한다
گیتار	gitār	기타
می زنم	mi zanam	(나는)…을 친다, 때린다, 연주한다
بسیار	besyār	매우, 많은, 다수의
عالی	‘āli	최고의, 높은, 훌륭한
به نظر من	be nazare man	나의 의견으로는
صدا	sedā	소리
بهترین	behtarin	가장 좋은
دنیا	donyā	세계, 세상
همینطور	hamintour	이처럼, 이와 같이
فکر می کنم	fekr mi konam	(나는) 생각한다
بعداً	ba’dan	뒤에, 나중에
برای	barāye	…을 위하여, …을 향하여

문법설명

비교급과 최상급

1. 비교급과 최상급

1) 형용사의 원급에 비교급 어미 **تر** /tar/를 붙이면 비교급이 되고, 최상급 어미 **ترین** /tarin/을 붙이면 최상급이 된다. 비교급과 최상급의 접미사는 보통 원급에 바로 연결하지만, 어휘가 묵음의 **ت ,ه ,ی** 로 끝나는 경우와 의미를 명료하게 전달하려는 경우는 띄어 쓸 수 있다. 단, **خوب** 의 비교급과 최상급은 예외적인 형태인 **بهتر** 와 **بهترین** 이다.

의미	원급		비교급		최상급	
큰	بزرگ	/bozorg/	بزرگتر	/bozorgtar/	بزرگترین	/bozorgtarin/
피곤한	خسته	/khaste/	خسته تر	/khastetar/	خسته ترین	/khastetarin/
어려운	سخت	/sakht/	سخت تر	/sakhttar/	سخت ترین	/sakhttarin/
오래된	قدیمی	/qadimi/	قدیمی تر	/qadimitar/	قدیمی ترین	/qadimitarin/
좋은	خوب	/khub/	بهتر	/behtar/	بهترین	/behtarin/

2) 비교급은 원급과 같이 명사 뒤에 위치하며, 에저페가 붙을 수 있다. 그러나, 최상급은 명사 앞에 위치하기 때문에 에저페는 생략된다.

의미	원급		비교급		최상급	
밝은 방	اتاقِ روشن	/otāqe roushan/	اتاقِ روشنتر	/otāqe roushantar/	روشن ترین اتاق	/roushantarin otāq/
큰 도시	شهرِ بزرگ	/shahre bozorg/	شهرِ بزرگتر	/shahre bozorgtar/	بزرگترین شهر	/bozorgtarin shahr/

3) 전치사 **از** 를 이용하여 비교구문을 표현한다. 단, 형용사의 비교급은 전치사구 앞이나 뒤에 위치할 수 있다.

예) **این اتاق از آن اتاق روشنتر است.** /in otāq az ān otāq roushantar ast/

이 방은 저 방보다 더 밝습니다.

این شهر بزرگتر از آن شهر است. /in shahr bozorgtar az ān shahr ast/

이 도시는 저 도시보다 더 큽니다.

4) 비교급과 전치사구 **از همه** /az hame (모두 보다)/를 이용하여 최상급의 의미를 나타낼 수 있다.

예) **این اتاق از همه روشنتر است.** = **این روشن ترین اتاق است.**

/in otāq az hame roushantar ast/   /in roushantarin otāq ast/

이 방은 모두 보다(다른 모든 방보다) 더 밝습니다.   이것은 가장 밝은 방입니다.

본 문

مین جی　سرگرمی شما چیست؟

sargarmiye shomā chist?

민지　당신의 취미는 무엇인가요?

ستاره　در تابستان شنا و در زمستان اسکی است.

dar tābestān shenā va dar zemestān eski ast.

세터레　여름에는 수영이고, 겨울에는 스키에요.

مین جی　حتماً ورزش را دوست دارید!

hatman varzesh rā dust dārid!

민지　틀림없이 운동을 좋아하시는군요!

ستاره　بله، خیلی دوست دارم.

bale, kheili dust dāram.

세터레　그래요, 아주 좋아합니다.

ورزش مورد علاقه ی شما چیست؟

varzeshe mourede ‘alāqeye shomā chist?

당신이 좋아하는 운동은 무엇인가요?

مین جی　مین جی : من به ورزش علاقه ندارم.

man be varzesh ‘alāqe nadāram.

민지　나는 운동에 흥미가 없어요.

موسیقی را بیشتر از ورزش دوست دارم.

musiqi rā bishtar az varzesh dust dāram.

음악을 운동보다 더 많이 좋아해요.

ستاره ساز هم می زنید؟

sāz ham mi zanid?

세터레 악기도 연주하나요?

مین جی بله، گیتار می زنم.

bale, gitār mi zanam.

민지 네, 기타를 연주해요.

ستاره بسیار عالی است!

besyār ‘āli ast.

세터레 정말 대단하네요!

به نظر من، صدای گیتار بهترین صدای دنیا است.

be nazare man, sedāye gitār behtarin sedāye donyā ast.

내 생각에 기타 소리는 세상에서 가장 멋진 소리에요.

مین جی من هم همینطور فکر می کنم.

man ham hamintour fekr mi konam.

민지 나도 그렇게 생각해요.

ستاره بعداً برای من گیتار می زنید؟

ba’dan barāye man gitār mi zanid?

세터레 다음에 나를 위해 기타를 연주해줄래요?

مین جی حتما!

hatman!

민지 물론이지요!

듣 기

مین جی [سرگرمی شما چیه؟]

sargarmiye shomā chie?

민지 당신의 취미는 무엇인가요?

ستاره [تو تابستون شنا و تو زمستون اسکیه.]

tu tābestun shenā va tu zemestun eskie.

세터레 여름에는 수영이고, 겨울에는 스키에요.

مین جی [حتماً ورزشو دوست دارین!]

hatman varzesho dust dārin!

민지 틀림없이 운동을 좋아하시는군요!

ستاره [بله، خیلی دوست دارم.]

bale, kheili dust dāram.

세터레 그래요, 아주 좋아합니다.

[ورزش مورد علاقه ی شما چیه؟]

varzeshe mourede ‘alāqeye shomā chie?

당신이 좋아하는 운동은 무엇인가요?

مین جی [من به ورزش علاقه ندارم.]

man be varzesh ‘alāqe nadāram.

민지 나는 운동에 흥미가 없어요.

[موسیقی رو بیشتر از ورزش دوست دارم.]

musiqi ro bishtar az varzesh dust dāram.

민지 음악을 운동보다 더 많이 좋아해요.

ستاره [ساز هم می زنین؟]

sāz ham mi zanin?

세터레 악기도 연주하나요?

مین جی [بله، گیتار می زنم.]

bale, gitār mi zanam.

민지 네, 기타를 연주해요.

ستاره [بسیار عالی!]

besyār ʻāli!

세터레 정말 대단하네요!

[به نظر من، صدای گیتار بهترین صدای دنیاس.]

be nazare man, sedāye gitār behtarin sedāye donyās.

내 생각에 기타 소리는 세상에서 가장 멋진 소리에요.

مین جی [من هم همینطور فک می کنم.]

man ham hamintour fek mi konam.

민지 나도 그렇게 생각해요.

ستاره [بعداً برا من گیتار می زنین؟]

ba'dan barā man gitār mi zanin?

세터레 다음에 나를 위해 기타를 연주해줄래요?

مین جی [حتماً!]

hatman!

민지 물론이지요!

연습문제

<참고어휘>

어휘	발음	의미
امشب	emshab	오늘 밤
پیانو	piāno	피아노
گرم تر	garm tar	더 더운
خوشحال تر	khoshhāl tar	더 기쁜
هرروز	harruz	매일

쓰기

다음에 제시된 어휘로 올바른 문장 만들기.

1. 나는 나의 남자형제보다 어립니다. **(از، هستم، کوچکتر، برادرم، من)**
2. 그들의 취미는 수영입니다. **(است، شنا، سرگرمی، آنها)**
3. 내 생각에 기타 소리는 세상에서 가장 멋진 소리입니다.
(نظر ، گیتار ، من ، دنیا ، است ، به ، بهترین ، صدای ، صدای)
4. 그들은 악기를 연주합니다. **(ساز، می زنند، آنها)**
5. 당신(들)은 운동에 흥미가 없습니까? **(به، علاقه، شما، ندارید، ورزش)**

연습문제

Drill

주어진 문장을 참고하여, 아래의 문장들이 올바른 의미가 되도록 밑줄 친 부분에 알맞은 단어를 쓰시오.

1. من ورزش را دوست دارم.

나는 운동을 좋아합니다.

من __________ را دوست دارم.

나는 나의 가족을 좋아합니다.

من ورزش را __________.

나는 운동을 좋아하지 않았습니다.

2. بعداً برای من گیتار می زنید؟

다음에 나를 위해 기타를 연주해줄래요?

__________ برای من گیتار می زنید؟

오늘 밤에 나를 위해 기타를 연주해줄래요?

بعداً __________ گیتار می زنید؟

다음에 당신(들)의 친구를 위해 기타를 연주해줄래요?

بعداً برای من __________ می زنید؟

다음에 나를 위해 피아노를 연주해줄래요?

연습문제

3. امروز از دیروز گرم تر است.

오늘은 어제보다 더 덥습니다.

____________________ گرم تر است.

이 방은 저 방보다 더 덥습니다.

امروز از دیروز __________ است.

(그는) 어제보다 오늘 더 좋습니다.

امروز از دیروز گرم تر __________.

오늘은 어제보다 더 덥지 않습니다.

회화 테스트

1. (나는) 음악을 운동보다 더 많이 좋아해요.
2. 나도 그렇게 생각해요.
3. 당신(들)이 좋아하는 악기는 무엇인가요?
4. 나는 매일 악기를 연주합니다.
5. 그는 운동에 흥미가 없습니다.

단원평가(Flex 문제)

1. 다음 대화를 듣고, 옳은 문장을 고르시오.

مین جی : ستاره جان، سرگرمی شما چیست؟
ستاره : در تابستان شنا و در زمستان اسکی است.
مین جی : حتماً ورزش را دوست دارید!
ستاره : بله، خیلی دوست دارم.

① **مین جی به ورزش علاقه دارد.**
② **سرگرمی مین جی در تابستان شنا است.**
③ **ستاره به شنا و اسکی علاقه دارد.**
④ **ستاره همیشه ساز می زند.**

2. 다음 대화를 듣고, 옳은 문장을 고르시오.

مین جی : موسیقی را بیشتر از ورزش دوست دارم. گیتار می زنم.
ستاره : بسیار عالی است، مین جی!
ستاره : بعداً برای من گیتار می زنید؟
مین جی : حتماً!

① **مین جی به موسیقی علاقه دارد.**
② **مین جی صدای گیتار را دوست ندارد.**
③ **ستاره برای مین جی گیتار می زند.**
④ **ستاره به موسیقی علاقه دارد.**

15

الو 여보세요

[학습목표] 전화하기
조동사-1 : توانستن, 동사의 가정형

어휘

어휘	발음	의미
الو	alo	여보세요
(با...) صحبت کنم	(bā…) sohbat konam	(나는) (…와) 이야기 하다 (가정형)
گوشی	gushi	전화 수화기 (전화상 대화에서) 기다리세요.
متشکرم	mote(a)shakkeram	(나는) 고맙습니다
کار	kār	일, 업무
خاصی	khāsi	특별한
خواستم	khāstam	(나는) 원했다
به راحتی	be rāhati	편히, 편하게
برسید	beresid	(당신(들)은) 도착하다 (가정형)
مهربان	mehr(a)bān	친절한

어휘	발음	의미
بعد از	ba'd az…	…한 후에
تعطیلات	ta'tilāt	휴일, 휴업 (تعطیل의 복수형)
همدیگر	hamdigar	함께, 서로
ببینیم	bebinim	(우리는) 만납시다 (가정형)

문법설명

조동사-1 : توانستن, 동사의 가정형

1. 조동사-1 : توانستن

1) 의미 : …할 수 있다(능력, 가능), …해도 좋다(허락)

2) 주어 다음에 위치하며, 뒤에 오는 일반동사는 반드시 가정형으로 활용된다.

3) 조동사에 문장 전체의 시제가 표시된다. 현재시제는 현재어근 **توان**, 과거시제는 과거어근 **توانست** 뒤에 어미를 연결한다.

توانستن 의 현재시제 = **می** /mi/ + 현재어근 **توان** + 현재형 어미

인칭	단수		복수	
1	می توانم	/mi tavānam/	می توانیم	/mi tavānim/
2	می توانی	/mi tavāni/	می توانید	/mi tavānid/
3	می تواند	/mi tavānad/	می توانند	/mi tavānand/

توانستن 의 과거시제 = 과거어근 **توانست** + 과거형 어미

인칭	단수		복수	
1	**توانستم**	/tavānestam/	**توانستیم**	/tavānestim/
2	**توانستی**	/tavānesti/	**توانستید**	/tavānestid/
3	**توانست**	/tavānest/	**توانستند**	/tavānestand/

4) 조동사 **توانستن** 의 현재 부정형은 접두사 **می** 의 어두에 **ه** 가 탈락된 부정접두사 **نـ** 를 연결한다.

인칭	단수		복수	
1	**نمی توانم**	/nemi tavānam/	**نمی توانیم**	/nemi tavānim/
2	**نمی توانی**	/nemi tavāni/	**نمی توانید**	/nemi tavānid/
3	**نمی تواند**	/nemi tavānad/	**نمی توانند**	/nemi tavānand/

5) 조동사 **توانستن** 의 과거 부정형은 과거형의 어두에 **ه** 가 탈락된 부정접두사 **نـ** 를 연결한다.

인칭	단수		복수	
1	**نتوانستم**	/natavānestam/	**نتوانستیم**	/natavānestim/
2	**نتوانستی**	/natavānesti/	**نتوانستید**	/natavānestid/
3	**نتوانست**	/natavānest/	**نتوانستند**	/natavānestand/

2. 동사의 가정형

1) 가정형은 가정형 현재와 가정형 과거의 두 가지 형태가 있다.[1] 가정형 현재는 현재 및 미래의 상황에, 가정형 과거는 과거의 상황에 사용되며, 가능, 의무, 명령, 청유, 희망, 추측, 기원 등에 활용된다. 또한 단독으로 사용되거나, 조동사와 함께 사용된다.

2) 가정형 현재는 접두사 به 와 동사의 현재어근에 현재형 어미를 연결한다. 단, 접두사 به 는 ه 가 탈락된 بـ 로 활용된다.

가정형 현재 = بـ /be/ + 현재어근 + 현재형 어미

① 현재어근의 어두가 자음인 경우, 일반적 원칙이 적용된다.

예) دیدن /didan/ 보다 → 현재어근 بین /bin/

인칭	단수		복수	
1	ببینم	/bebinam/	ببینیم	/bebinim/
2	ببینی	/bebini/	ببینید	/bebinid/
3	ببیند	/bebinad/	ببینند	/bebinand/

② 현재어근의 어두가 اَ 또는 اُ 인 경우, ا 를 생략하고, 접두사 بـ 뒤에 ی 를 첨가한다. 모음 ◌َ와 ◌ُ 는 접두사 뒤 ی 에 붙게 된다. 그리고, 접두사 بـ 는 /bi/로 발음한다.

예) انداختن /andākhtan / 던지다 → 현재어근 انداز /andāz/

1) 가정형 현재는 가정형 미래로, 가정형 과거는 가정형 완료로 불리기도 한다.

인칭	단수		복수	
1	بیندازم	/biyandāzam/	بیندازیم	/biyandāzim/
2	بیندازی	/biyandāzi/	بیندازید	/biyandāzid/
3	بیندازد	/biyandāzad/	بیندازند	/biyandāzand/

افتادن /oftādan/ 떨어지다 → 현재어근 **افت** /oft/

인칭	단수		복수	
1	بیفتم	/biyoftam/	بیفتیم	/biyoftim/
2	بیفتی	/biyofti/	بیفتید	/biyoftid/
3	بیفتد	/biyoftad/	بیفتند	/biyoftand/

③ 현재어근의 어두가 آ 인 경우, آ 위의 부호(madde)를 생략하고, 접두사 بـ 뒤에 ی 를 첨가한다.

예) **آمدن** /āmadan/ 오다 → 현재어근 آ /ā/

인칭	단수		복수	
1	بیایم	/biyāyam/	بیاییم	/biyāyim/
2	بیایی	/biyāyi/	بیایید	/biyāyid/
3	بیاید	/biyāyad/	بیایند	/biyāyand/

④ 일부 동사는 접두사 بـ 를 생략할 수 있다.

예) كردن /kardan/ 하다 → 현재어근 كن /kon/

인칭	단수		복수	
1	كنم	/konam/	كنيم	/konim/
2	كنى	/koni/	كنيد	/konid/
3	كند	/konad/	كنند	/konand/

شدن /shodan/ 되다 → 현재어근 شو /shav/

인칭	단수		복수	
1	شوم	/shavam/	شويم	/shavim/
2	شوم	/shavi/	شويد	/shavid/
3	شود	/shavad/	شوند	/shavand/

برگشتن /bar gashtan/ 돌아오다 → 현재어근 برگرد /bar gard/
(접두사가 반드시 생략된다)

인칭	단수		복수	
1	برگردم	/bar gardam/	برگرديم	/bar gardim/
2	برگردى	/bar gardi/	برگرديد	/bar gardid/
3	برگردد	/bar gardad/	برگردند	/bar gardand/

⑤ بودن 동사는 예외적으로 접두사 بـ 를 첨가하지 않는다.

인칭	단수		복수	
1	باشم	/bāsham/	باشیم	/bāshim/
2	باشی	/bāshi/	باشید	/bāshid/
3	باشد	/bāshad/	باشند	/bāshand/

⑥ 가정형 현재의 부정형은 접두사 بـ 대신 부정접두사 نـ 를 연결한다.

예) ببینم /bebinam/ → نبینم /nabinam/
کنم /konam/ → نکنم /nakonam/
باشم /bāsham/ → نباشم /nabāsham/

4) 가정형 과거는 과거분사와 بودن 동사의 가정형 현재를 연결한다.

가정형 과거 = 과거분사 + بودن 동사의 가정형 현재

① 과거분사는 동사원형에서 ن 을 생략하고 ه 를 붙인다.
خواندن /khāndan/ → خواند /khānd/ + ه = خوانده /khānde/

خواندن 의 가정형 과거

인칭	단수		복수	
1	خوانده باشم	/khānde bāsham/	خوانده باشیم	/khānde bāshim/
2	خوانده باشی	/khānde bāshi/	خوانده باشید	/khānde bāshid/
3	خوانده باشد	/khānde bāshad/	خوانده باشند	/khānde bāshand/

② **داشتن** 동사는 예외적으로 가정형 현재는 없고, 가정형 과거로만 활용한다.

داشتن 의 가정형 과거

인칭	단수		복수	
1	داشته باشم	/dāshte bāsham/	داشته باشيم	/dāshte bāshim/
2	داشته باشى	/dāshte bāshi/	داشته باشيد	/dāshte bāshid/
3	داشته باشد	/dāshte bāshad/	داشته باشند	/dāshte bāshand/

③ 가정형 과거의 부정형은 과거분사의 어두에 ه가 탈락된 부정접두사 نـ를 연결한다.

인칭	단수		복수	
1	نخوانده باشم	/nakhānde bāsham/	نخوانده باشيم	/nakhānde bāshim/
2	نخوانده باشى	/nakhānde bāshi/	نخوانده باشيد	/nakhānde bāshid/
3	نخوانده باشد	/nakhānde bāshad/	نخوانده باشند	/nakhānde bāshand/

본 문

علی الو.

alo.

알리 여보세요.

مین جی الو. سلام.

alo. salām.

민지 여보세요. 안녕하세요.

علی سلام. بفرمایید.

salām. befarmāyid.

알리 안녕하세요. 말씀하세요.

مین جی می توانم با ستاره صحبت کنم؟

mi tavānam bā setāre sohbat konam?

민지 세터레와 이야기 할 수 있을까요?

علی شما کی هستید؟

shomā ki hastid?

알리 당신은 누구시죠?

مین جی من مین جی هستم. دوست ستاره هستم.

man minji hastam. duste setāre hastam.

민지 저는 민지입니다. 세터레의 친구에요.

علی گوشی.

gushi.

알리 잠시만 기다리세요.

ستاره الو. سلام، مین جی.

alo. salām, minji.

세터레 여보세요. 안녕하세요, 민지.

مین جی سلام، ستاره. خوبید؟

salām, setāre. khubid?

민지 안녕하세요, 세터레. 잘 지내죠?

ستاره ممنون. حالتان چطور است؟

manun. hāletān chetour ast?

세터레 고마워요. 당신은 (당신의 기분, 상태는) 어때요?

مین جی خوبم. متشکرم.

khubam. motashakkeram.

민지 좋아요. 감사합니다.

ستاره با من کار داشتید؟ بفرمایید.

bā man kār dāshtid? befarmāyid.

세터레 저에게 볼 일이 있으셨나요? 말씀하세요.

مین جی کار خاصی نداشتم.

kāre khāsi nadāshtam.

민지 특별한 일은 없었어요.

توانستید به راحتی به خانه برسید؟

tavānestid be rāhati be khāne beresid?

집에 편히 도착할 수 있었나요?

ستاره خیلی ممنون. خیلی مهربان هستید.

kheili mamnun. kheili mehrabān hastid.

세터레 정말 고마워요. 정말 친절하시네요.

مین جی خواهش می کنم.

khāhesh mi konam.

민지 천만에요.

بعد از تعطیلات همدیگر را ببینیم.

ba'd az ta'tilāt hamdigar rā bebinim.

휴일 뒤에 함께 만나요.

ستاره خیلی خوب.

kheili khub.

세터레 아주 좋아요.

듣 기

علی [الو.]

alo.

알리 여보세요.

مین جی [الو. سلام.]

alo. salām.

민지 여보세요. 안녕하세요.

علی [سلام. بفرمایین.]

salām. befarmāyin.

알리 안녕하세요. 말씀하세요.

مین جی [می تونم با ستاره صحبت کنم؟]

mi tunam bā setāre sohbat konam?

민지 세터레와 이야기 할 수 있을까요?

علی [شما کی هستین؟]

shomā ki hastin?

알리 당신은 누구시죠?

مین جی [من مین جی هستم. دوست ستاره هستم.]

man minji hastam. duste setāre hastam.

민지 저는 민지입니다. 세터레의 친구에요.

علی [گوشی.]

gushi.

알리 잠시만 기다리세요.

ستاره [الو. سلام، مین جی.]

alo. salām, minji.

세터레 여보세요. 안녕하세요, 민지.

مین جی [سلام، ستاره. خوبین؟]

salām, setāre. khubin?

민지 안녕하세요, 세터레. 잘 지내죠?

ستاره [ممنون. حالتون چطوره؟]

manun. hāletun chetoure?

세터레 고마워요. 당신은 (당신의 기분, 상태는) 어때요?

مین جی [خوبم. مچکرم.]

khubam. mochakkeram.

민지 좋아요. 감사합니다.

ستاره [با من کار داشتین؟ بفرمایین.]

bā man kār dāshtin? befarmāyin.

세터레 저에게 볼 일이 있으셨나요? 말씀하세요.

مین جی [کار خاصی نداشتم.]

kāre khāsi nadāshtam.

민지 특별한 일은 없었어요.

[تونستین به راحتی به خونه برسین؟]

tunestin be rāhati be khune beresin?

집에 편히 도착할 수 있었나요?

ستاره [خیلی ممنون. خیلی مهربون هستین.]

kheili mamnun. kheili mehrabun hastin.

세터레 정말 고마워요. 정말 친절하시네요.

مین جی [خواهش می کنم.]

khāhesh mi konam.

민지 천만에요.

[بعد از تعطیلات همدیگرو ببینیم.]

ba'd az ta'tilāt hamdigaro bebinim.

휴일 뒤에 함께 만나요.

ستاره [خیلی خوب.]

kheili khub.

세터레 아주 좋아요.

연습문제

<참고어휘>

어휘	발음	의미
تار	tār	터르 (이란전통악기, 기타의 기원)
بیاورم	biyāvaram	(나는) 가져오다 (가정형)
ملاقات کنیم	molāqāt konim	(우리는) 만나다 (가정형)
فنجان	fenjān	찻잔
بشکند	beshekanad	(그것은) 깨지다 (가정형)

쓰기

다음에 제시된 어휘로 올바른 문장 만들기.

1. (제가) 세터레와 이야기 할 수 있을까요?

(صحبت کنم ، ستاره ، می توانم ، با)

2. 당신(들)은 저에게 볼 일이 있으셨나요?

(داشتید ، کار ، من ، با)

3. 그들은 집에 편히 도착할 수 있었습니다.

(به ، به ، توانستند ، راحتی ، خانه ، برسند، آنها)

4. 휴일 뒤에 함께 만나요.

(تعطیلات، ببینیم ، را ، بعد از ، همدیگر)

5. (나는) 지금 그들과 이야기 할 수 있습니다.

(الان ، صحبت کنم ، آنها ، با ، می توانم)

연습문제

Drill

주어진 문장을 참고하여, 아래의 문장들이 올바른 의미가 되도록 밑줄 친 부분에 알맞은 단어를 쓰시오.

1. من می توانم گیتار بزنم.

나는 기타를 칠 수 있습니다.

من __________ گیتار بزنم.

나는 기타를 칠 수 없었습니다.

من می توانم __________ بزنم.

나는 터르를 칠 수 있습니다.

من می توانم گیتار __________.

나는 기타를 가져올 수 있습니다.

2. بعد از تعطیلات همدیگر را ببینیم.

휴일 뒤에 함께 만나요.

__________ همدیگر را ببینیم.

내일 함께 만나요.

بعد از تعطیلات __________ را ببینیم.

(우리) 휴일 뒤에 세터레를 만나요.

بعد از تعطیلات همدیگر را __________.

휴일 뒤에 함께 만나요.

연습문제

3. آن لیوان می تواند بیفتد.

그 컵은 떨어질 수 있습니다.

__________ می تواند بیفتد.

그 찻잔은 떨어질 수 있습니다.

آن لیوان __________ بیفتد.

그 컵은 떨어질 수 없었습니다.

آن لیوان می تواند __________.

그 컵은 깨질 수 있습니다.

회화 테스트

1. 그는 선생님이 될 수 있습니다.
2. (제가) 그 엔지니어와 만날 수 있습니까?
3. (전화 상에서) 잠시만 기다려주세요.
4. 저는 특별한 일은 없었습니다.
5. 당신(들)은 대학교에 편히 도착할 수 있었나요?

단원평가(Flex 문제)

1. 다음 대화를 듣고, 옳은 문장을 고르시오.

مین جی : الو. سلام.
علی : سلام. بفرمایید.
مین جی : می توانم با ستاره صحبت کنم؟
علی : شما کی هستید؟
مین جی : من مین جی هستم. دوست ستاره هستم.
علی : گوشی.

① آنها در پارک صحبت می کنند.

② مین جی و ستاره دوست هستند.

③ ستاره نمی تواند با مین جی صحبت کند.

④ به نظر ستاره، مین جی مهربان است.

단원평가(Flex 문제)

2. 다음 대화를 듣고, 옳은 문장을 고르시오.

ستاره : با من کار داشتید، مین جی؟ بفرمایید.
مین جی : کار خاصی نداشتم. ستاره جان، توانستید به راحتی به خانه برسید؟
ستاره : خیلی ممنون. خیلی مهربان هستید.
مین جی : خواهش می کنم. بعد از تعطیلات همدیگر را ببینیم.
ستاره : خیلی خوب.

① ستاره نتوانست به دانشگاه برود.
② ستاره و مین جی در خانه هستند.
③ آنها بعد از تعطیلات به خانه می روند.
④ به نظر ستاره، مین جی مهربان است.

16

دانشگاه تهران کجاست؟

테헤란대학교는 어디에 있나요?

[학습목표] 길 묻기, 방향 말하기
조동사-2 : خواستن, 동사의 명령형

어휘

어휘	발음	의미
ببخشید	bebakhshid	실례지만, 죄송합니다.
انقلاب	enqelāb	혁명
بروم (رفتن - رو)[1]	beravam	(나는) 걸어가다 (가정형)
اتوبوس	otobus	버스
نمی دانم (دانستن - دان)	nemi dānam	(나는) 모른다
تا	tā	…까지
دور	dur	(거리가) 먼
پیاده بروید (پیاده رفتن - پیاده رو)	piyāde beravid	(당신은) 걸어가다 (가정형/명령형)

1) 제16과부터는 동사원형(본형)과 현재어근을 함께 제시한다.

어휘	발음	의미
پیاده	piyāde	걸어서
چقدر	cheqadr	얼마나 많이
طول می کشد (طول کشیدن - طول کش)	tul mi keshad	(시간이) 걸린다
تقریباً	taqriban	대략
راه	rāh	길
نشان بدهید (نشان دادن - نشان ده)	neshān bedahid	(당신(들)은) 제시하다, 보여주다 (가정형/명령형)
مستقیم	mostaqim	직진의, 직접적인
چهار راه	chāhār rāh	교차로, 사거리
(از ...) رد شوید (رد شدن - رد شو)	(az…) rad shavid	(당신(들)은) (…을) 지나가다 (가정형/명령형)
اولین	avvalin	최초의, 처음의
کوچه	kuche	골목
سمت	samt	방향
راست	rāst	오른쪽, 올바른
بپیچید (پیچیدن - پیچ)	bepichid	(당신(들)은) (…을) 뒤틀다, 구부리다, 꺾다 (가정형/명령형)
باز هم	bāz ham	또 다시
متر	metr	미터
دست	dast	손
چپ	chap	왼쪽
راحت	rāhat	편안한, 안정된
پیدا کنید (پیدا کردن - پیدا کن)	peidā konid	(당신(들)은) (…을) 찾다 (가정형/명령형)

문법설명

조동사-2 : خواستن, 동사의 명령형

1. 조동사-2 : خواستن (خواه) [2]

1) 의미 : …을 원하다

2) 뒤에 위치하는 동사는 반드시 가정형을 취한다.

예) من می خواهم بروم. /man mi khāham beravam/ 나는 가기를 원합니다.

3) 시제는 조동사에 실현된다.

خواستن 의 현재 = **می** /mi/ + 현재어근 **خواه** + 현재형 어미

인칭	단수		복수	
1	می خواهم	/mi khāham/	می خواهیم	/mi khāhim/
2	می خواهی	/mi khāhi/	می خواهید	/mi khāhid/
3	می خواهد	/mi khāhad/	می خواهند	/mi khāhand/

---

2) 이 동사는 일반동사로 활용되기도 한다.

예) من یک مداد می خواهم. /man yek medād mi khāham/ 나는 연필 하나를 원합니다.

현재 부정형

인칭	단수		복수	
1	نمی خواهم	/nemi khāham/	نمی خواهیم	/nemi khāhim/
2	نمی خواهی	/nemi khāhi/	نمی خواهید	/nemi khāhid/
3	نمی خواهد	/nemi khāhad/	نمی خواهند	/nemi khāhand/

خواستن 의 과거 = 과거어근 **خواست** + 과거형 어미

인칭	단수		복수	
1	خواستم	/khāstam/	خواستیم	/khāstim/
2	خواستی	/khāsti/	خواستید	/khāstid/
3	خواست	/khāst/	خواستند	/khāstand/

과거 부정형

인칭	단수		복수	
1	نخواستم	/nakhāstam/	نخواستیم	/nakhāstim/
2	نخواستی	/nakhāsti/	نخواستید	/nakhāstid/
3	نخواست	/nakhāst/	نخواستید	/nakhāstand/

2. 동사의 명령형

1) 명령형은 가정형과 동일한 형태를 사용한다. 즉, 접두사 به 는 ه 가 탈락된 بـ 의 형태로 연결한다. 단, 명령문은 사전적 의미대로 명령의 대상인 2인칭 단수와 2인칭 복수만 활용된다. 또한, 2인칭 단수 명령문은 인칭어미가 없다.

① 명령형의 단수 = بـ /be/ + 현재어근

예) (تو) بخوان /(to) bekhān/ (너는) 읽어라

② 명령형의 복수 = بـ /be/ + 현재어근 + 2인칭 복수 어미(يد...)

예) (شما) بخوانيد /(shomā) bekhānid/ (당신(들)은) 읽으세요.

③ 현재어근의 마지막 음가가 /av/인 경우, 단수 명령형의 발음은 /o/나 /ou/가 되고, 접두사의 발음은 /be/가 아닌 /bo/가 된다. 단, 복수형은 ②와 같이 활용된다.

예) رفتن /raftan/ 가다 →현재어근 رو /rav/→ برو /borou/ (단수형)
بروید /beravid/ (복수형)

④ 예외적으로, دادن 동사의 단수 명령형에서는 현재어근의 음운이 변화된다.

예) دادن /dādan/ 주다 → 현재어근 ده /dah/ → بده /bede/

⑤ 명령형의 부정은 접두사 بـ 대신 부정접두사 نـ 를 연결한다.

خواندن

인칭	단수			복수		
긍정	بخوان	/bekhān/	읽어라	بخوانید	/bekhānid/	읽으세요
부정	نخوان	/nakhān/	읽지 마라	نخوانید	/nakhānid/	읽지 마세요

رفتن

인칭	단수			복수		
긍정	برو	/borou/	가라	بروید	/beravid/	가세요
부정	نرو	/narou/	가지 마라	نروید	/naravid/	가지 마세요

دادن

인칭	단수			복수		
긍정	بده	/bede/	주어라	بدهید	/bedahid/	주세요
부정	نده	/nade/	주지 마라	ندهید	/nadahid/	주지 마세요

본 문

مین جی　سلام. ببخشید، دانشگاه تهران کجاست؟

salām. bebakhshid, dāneshgāhe tehrān kojāst?

민지　안녕하세요. 실례하지만, 테헤란대학교가 어디에 있나요?

ستاره　دانشگاه تهران نزدیک میدان انقلاب است.

dāneshgāhe tehrān nazdike meidāne enqelāb ast.

세터레　테헤란대학교는 엥겔럽 광장 근처에 있어요.

مین جی　از اینجا چطور می توانم به دانشگاه تهران بروم؟

az injā chetour mi tavānam be dāneshgāhe tehrān beravam?

민지　여기에서 테헤란대학교에 어떻게 갈 수 있나요?

ستاره　با اتوبوس می خواهید بروید؟

bā otobus mi khāhid beravid?

세터레　버스타고 가고 싶으세요?

مین جی　نمی دانم. از اینجا تا دانشگاه خیلی دور است؟

nemi dānam. az injā tā dāneshgāh kheili dur ast?

민지　모르겠습니다. 여기서 대학교까지 많이 먼가요?

ستاره　نه، خیلی دور نیست. می توانید پیاده بروید.

na. kheili dur nist. mi tavānid piyāde beravid.

세터레　아니오, 많이 멀지 않아요. 걸어서 갈 수 있어요.

مین جی　پس می خواهم پیاده بروم. پیاده چقدر طول می کشد؟

pas mi khāham piyāde beravam. piyāde cheqadr tul mi keshad?

민지　그러면 걸어서 가고 싶어요. 걸어서 (시간이) 얼마나 걸리나요?

ستاره　تقریباً ۲۰ دقیقه طول می کشد.

taqriban bist daqiqe tul mi keshad.

세터레　대략 20분 걸려요.

مین جی　خوب است، می توانید راه را نشان بدهید؟

khub ast, mi tavānid rāh rā neshān bedahid?

민지　좋네요. 길을 알려주시겠어요?

ستاره　بله، حتما.

bale, hatman.

세터레　네, 그럼요.

مستقیم بروید تا چهار راه اول.

mostaqim beravid tā chāhār rāhe avval.

첫 번째 사거리까지 직진하세요.

از چهار راه رد شوید و از اولین کوچه به سمت راست بپیچید.

az chāhār rāh rad shavid va az avalin kuche be samte rāst bepichid.

사거리를 지나서 첫번째 골목에서 우회전하세요.

بعد، باز هم ۲۰۰ متر مستقیم بروید. آنجا، دست چپ ، دانشگاه تهران است.

ba'd, bāz ham devist metr mostaqim beravid. ānjā daste chap, dāneshgāhe tehrān ast.

그리고, 다시 200미터 직진하세요. 그곳에, 왼쪽 편에 테헤란대학이 있어요.

خیلی راحت می توانید دانشگاه تهران را پیدا کنید.

kheili rāhat mi tavānid dāneshgāhe tehrān rā peidā konid.

정말 쉽게 테헤란대학교를 찾을 수 있을거에요.

مین جی خیلی ممنون.

kheili mamnun.

민지 정말 고마워요.

ستاره خواهش می کنم.

khāhesh mi konam.

세터레 천만에요.

듣 기

مین جی [سلام. ببخشین، دانشگاه تهران کجاس؟]

salām. bebakhshin, dāneshgāhe tehrān kojās?

민지 안녕하세요. 실례하지만, 테헤란대학교가 어디에 있나요?

ستاره [دانشگاه تهران نزدیک میدون انقلابه.]

dāneshgāhe tehrān nazdike meidune enqelābe.

세터레 테헤란대학교는 엥겔럽 광장 근처에 있어요.

مین جی [از اینجا چطور می تونم برم دانشگاه تهران؟]

az injā chetour mi tunam beram dāneshgāhe tehrān?

민지 여기에서 테헤란대학교에 어떻게 갈 수 있나요?

ستاره [با اتوبوس می خواین برین؟]

bā otobus mi khāin berin?

세터레 버스타고 가고 싶으세요?

مین جی [نمی دونم. از اینجا تا دانشگاه خیلی دوره؟]

nemi dunam. az injā tā dāneshgāh kheili dure?

민지 모르겠습니다. 여기서 대학교까지 많이 먼가요?

ستاره [نه، خیلی دور نیست. می تونین پیاده برین.]

na. kheili dur nist. mi tunin piyāde berin.

세터레 아니오, 많이 멀지 않아요. 걸어서 갈 수 있어요.

مین جی [پس می خوام پیاده برم. پیاده چقدر طول می کشه؟]

pas mi khām piyāde beram. piyāde cheqadr tul mi keshe?

민지 그러면 걸어서 가고 싶어요. 걸어서 (시간이) 얼마나 걸리나요?

ستاره [تقریباً ۲۰ دقیقه طول می کشه.]

taqriban bist daqiqe tul mi keshe.

세터레 대략 20분 걸려요.

مین جی [خوبه، می تونین راه رو نشون بدین؟]

khube, mi tunin rāh ro neshun bedin?

민지 좋네요. 길을 알려주시겠어요?

ستاره [بله، حتماً.]

bale, hatman.

세터레 네, 그럼요.

[مستقیم برین تا چهار راه اول.]

mostaqim berin tā chāhār rāhe avval.

첫 번째 사거리까지 직진하세요.

[از چهار راه رد شین و از اولین کوچه به سمت راست بپیچین.]

az chāhār rāh rad shin o az avalin kuche be samte rāst bepichin.

사거리를 지나서 첫번째 골목에서 우회전하세요.

[بعد، باز هم ۲۰۰ متر مستقیم برین. اونجا، دست چپ ، دانشگاه تهرانه.]

ba'd, bāz ham divist metr mostaqim berin. unjā daste chap, dāneshgāhe tehrāne.

그리고, 다시 200미터 직진하세요. 그곳에, 왼쪽 편에 테헤란대학이 있어요.

[خیلی راحت می تونین دانشگاه تهرانو پیدا کنین.]

kheili rāhat mi tunin dāneshgāhe tehrāno peidā konin.

정말 쉽게 테헤란대학교를 찾을 수 있을거에요.

مین جی [خیلی ممنون.]

kheili mamnun.

민지 정말 고마워요.

ستاره [خواهش می کنم.]

khāhesh mi konam.

세터레 천만에요.

연습문제

<참고어휘>

어휘	발음	의미
سینما	sinamā	극장
خیابان	khiyābān	도로, 길
بانک	bānk	은행
تاکسی	tāksi	택시

쓰기

다음에 제시된 어휘로 올바른 문장 만들기.

1. 허페즈 극장은 어디에 있나요?

(است ، کجا ، سینما حافظ)

2. (제가) 버스로 그곳에 갈 수 있습니까?

(می توانم ، اتوبوس ، آنجا ، با ، بروم)

3. 우리는 걸어서 갈 수 있습니다.

(برویم ، پیاده ، می توانیم ، ما)

4. 첫 번째 사거리까지 직진하세요.

(تا ، بروید ، مستقیم ، اول ، چهار راه)

5. (당신들은) 쉽게 테헤란대학교를 찾을 수 있을거에요.

(دانشگاه تهران ، راحت ، را ، می توانید ، پیدا کنید)

연습문제

Drill

주어진 문장을 참고하여, 아래의 문장들이 올바른 의미가 되도록 밑줄 친 부분에 알맞은 단어를 쓰시오.

1. از چهارراه رد شوید و از اولین کوچه به سمت راست بپیچید.

사거리를 지나서 첫번째 골목에서 우회전하세요.

از __________ رد شوید و از اولین کوچه به سمت راست بپیچید.

세번째 도로를 지나서 첫번째 골목에서 우회전하세요.

از چهارراه رد شوید و از __________ به سمت راست بپیچید.

사거리를 지나서 첫번째 골목에서 우회전하세요.

از چهارراه رد شوید و از اولین کوچه __________ بپیچید.

사거리를 지나서 첫번째 골목에서 좌회전하세요.

2. می توانید راه را نشان بدهید؟

길을 알려주시겠어요? (길을 보여주실 수 있나요?)

__________ راه را نشان بدهید؟

길을 알려주길 원했습니까?

می توانید __________ را نشان بدهید؟

이 옷을 보여주실 수 있나요?

می توانید راه را __________؟

길을 찾을 수 있나요?

연습문제

3. می توانند با اتوبوس به بانک بروند.

(그들은) 버스로 은행에 갈 수 있습니다.

__________ با اتوبوس به بانک بروند.

(그들은) 버스로 은행에 갈 수 없습니다.

می توانند __________ به بانک بروند.

(그들은) 택시로 은행에 갈 수 있습니다.

می توانند با اتوبوس __________ بروند.

(그들은) 버스로 대학교에 갈 수 있습니다.

회화 테스트

1. 대학교까지 버스로 대략 10분 걸립니다.
2. (제가) 여기에서 테헤란대학교에 어떻게 갈 수 있나요?
3. (당신은) 저에게 길을 알려주실 수 있습니까?
4. 200미터 직진하세요. 그곳에, 왼쪽 편에 테헤란 대학이 있어요.
5. (당신은) 정말 쉽게 테헤란대학교를 찾을 수 있을거에요.

단원평가(Flex 문제)

1. 다음 대화를 듣고, 옳은 문장을 고르시오.

مین جی : سلام. ببخشید، دانشگاه تهران کجاست؟
ستاره : دانشگاه تهران نزدیک میدان انقلاب است.
مین جی : از اینجا چطور می توانم به دانشگاه تهران بروم؟
ستاره : با اتوبوس می خواهید بروید؟
مین جی : نمی دانم. از اینجا تا دانشگاه خیلی دور است؟
ستاره : نه، خیلی دور نیست. می توانید پیاده بروید.
مین جی : پس می خواهم پیاده بروم. پیاده چقدر طول می کشد؟
ستاره : تقریباً ۲۰ دقیقه طول می کشد.

① او نمی تواند تا دانشگاه تهران پیاده برود.

② دانشگاه تهران از اینجا دور است.

③ او می تواند بعد از بیست دقیقه به دانشگاه تهران برسد.

④ او فقط با اتوبوس می تواند برود.

단원평가(Flex 문제)

2. 다음 대화를 듣고, 옳은 문장을 고르시오.

مین جی : ببخشید، بانک کجاست؟

ستاره : مستقیم بروید تا چهار راه اول.

از چهار راه رد شوید و از اولین کوچه به سمت راست بپیچید. آنجا بانک است.

می توانید به راحتی بانک را پیدا کنید.

مین جی : خیلی ممنون.

ستاره : خواهش می کنم.

① او می خواهد به دانشگاه برود.

② از اینجا تا بانک خیلی دور است.

③ او می تواند به راحتی بانک را پیدا کند.

④ اول، او می تواند از کوچه به سمت راست بپیچد.

17

دو تا جوجه کباب بدهید
주제캬법 두 개(2인분) 주세요

[학습목표] 음식 주문하기
분류사

어휘

어휘	발음	의미
خدمتکار	khedmatkār	종업원
نفر	nafar	사람, …명
بنشینید (نشستن – نشین)	beneshinid	(당신(들)은) 앉으세요 (명령형)
سفارش بدهم (سفارش دادن - سفارش ده)	sefāresh bedaham	(나는) 주문하다 (가정형)
میل دارید (میل داشتن - میل دار)	meil dārid	(당신(들)은) 좋아한다, 원한다
غذا	ghazā	음식
پیشنهاد کنید (پیشنهاد کردن - پیشنهاد کن)	pishnahād konid	(당신(들)은) 추천하다 (가정형)
اولین بار	avvalin bār	첫 번, 처음
رستوران	resturān	식당
آمدیم	āmadim	(우리는) 왔다

어휘	발음	의미
آمدن (آ)	āmadan	오다
تا	tā	(셈의 단위) …개
جوجه کباب	juje kabāb	주제캬법
بدهید	bedahid	(당신(들)은) 주다 (명령형)
لطفاً	lotfan	부디, 제발
سوپ	sup	수프
یا	yā	혹은, 또는
سالاد	sālad	샐러드
سالاد فصل	sālāde fasl	계절 샐러드
چشم	chashm	알겠습니다 / (사람의) 눈
برایتان (= برای شما)	barāyetān	당신(들)을 위해서
نوشیدنی	nushidani	마실 것
بیاورم (آوردن - آور)	biyāvaram	(나는) 가져오다 (가정형)
کولا	kola	콜라
آب معدنی	āb ma'dani	광천수, 생수
به زودی	be zudi	곧
آماده می شود (آماده شدن - آماده شو)	āmāde mi shavad	…이 준비된다
مرسی	mersi	고맙습니다

문법설명

분류사

1. 분류사

1) 분류사는 명사의 수량 표현에서 단위를 나타내거나 명사의 의미부류를 한정한다. 일명, 관형사라고도 한다.

2) 분류사는 기수 뒤, 명사 앞에 위치하며, 에자페는 사용되지 않는다.

3) 이란어의 대표적 분류사

① **تا** /tā/ : 사람과 사물에 구별없이 사용된다. 단, 한 개의 수량을 나타낼 때는 **یک تا** 대신에 **یک دانه** 를 사용한다.

예) **دو تا پسر** /do tā pesar/ 두 명의 소년 **دو تا** /do tā/ 두 개

② **جلد** /jeld/ : 책의 수량과 의미를 나타내는 분류사이다. '…권'에 해당한다.

예) **چهار جلد کتاب** /chāhār jeld ketāb/네 권의 책

③ **نفر** /nafar/ : 사람의 수량과 의미를 나타낸다. '…명, …사람'에 해당한다.

예) **پنج نفر دانشجو** /panj nafar dāneshju/다섯 명의 대학생

④ **پرس** /pors/ : 음식의 수량을 나타낸다. '…인분'에 해당한다.

예) **دو پرس برنج** /do pors berenj/2인분의 밥

⑤ **جفت** /joft/ : 쌍의 수량과 의미를 나타낸다. '…켤레'에 해당한다.

예) **یک جفت کفش** /yek joft kafsh/ 한 켤레의 신발

본 문

خدمتکار سلام. بفرمایید. چند نفر هستید؟

salām. befarmāyid. chand nafar hastid?

종업원 안녕하세요. 들어오세요. 몇 분이신가요?

ستاره سلام. دو نفریم.

salām. do nafarim.

세터레 안녕하세요. 두 명입니다.

خدمتکار بفرمایید، اینجا بنشینید.

befarmāyid, injā beneshinid.

종업원 여기에 앉으세요.

ستاره ممنون. ببخشید، الان می خواهم غذا سفارش بدهم.

mamnun. bebakhshid, alān mi khāham ghazā sefāresh bedaham.

세터레 감사합니다. 실례지만, 지금 음식을 주문하고 싶은데요.

خدمتکار بله. بفرمایید. چی میل دارید؟

bale. befarmāyid. chi meil dārid?

종업원 네, 말씀하세요. 무엇을 드릴까요?
(무엇을 좋아하십니까?, 무엇을 원하십니까?)

ستاره برای اولین بار به این رستوران آمدیم.

barāye avalin bār be in resturān āmadim.

세터레 우리는 이 식당에 처음 왔습니다.

پس، می توانید یک غذای خوشمزه پیشنهاد کنید؟

pas mi tavānid yek ghazāye khoshmaze pishnahād konid?

그래서 맛있는 음식 추천해 주실 수 있나요?

خدمتکار جوجه کباب خوشمزه است.

juje kabāb khoshmaze ast.

종업원 주제캬법이 맛있습니다.

ستاره پس دو تا جوجه کباب بدهید، لطفاً.

pas do tā juje kabāb bedahid, lotfan.

세터레 그러면 주제캬법 두 개 주세요.

خدمتکار سوپ یا سالاد میل ندارید؟

sup yā sālād meil nadārid?

종업원 수프나 샐러드는 필요없으세요?

ستاره یک سالاد فصل هم بدهید.

yek sālāde fasl ham bedahid.

세터레 계절 샐러드도 하나 주세요.

خدمتکار چشم. برایتان نوشیدنی هم بیاورم؟

chashm. barāyetān nushidani ham biyāvaram?

종업원 알겠습니다. (당신들을 위해서) 마실 것도 가져다 드릴까요?

ستاره بله. دو تا کولا و یک آب معدنی هم بدهید.

bale. do tā kola va yek āb ma'dani ham bedahid.

세터레 네. 콜라 두 개와 생수 하나 주세요.

خدمتکار چشم. به زودی غذا آماده می شود.

chashm. be zudi ghazā āmāde mi shavad.

종업원 알겠습니다. 곧 음식이 준비될 것입니다.

ستاره مرسی.

mersi.

세터레 감사합니다.

듣기

خدمتکار [سلام. بفرمایین. چند نفر هستین؟]
salām. befarmāyin. chand nafar hastin?

종업원 안녕하세요. 들어오세요. 몇 분이신가요?

ستاره [سلام. دو نفریم.]
salām. do nafarim.

세터레 안녕하세요. 두 명입니다.

خدمتکار [بفرمایین، اینجا بشینین.]
befarmāyin, injā beshinin.

종업원 여기에 앉으세요.

ستاره [ممنون. ببخشین، الان می خام غذا سفارش بدم.]
mamnun. bebakhshin, alān mi khām ghazā sefāresh bedam.

세터레 감사합니다. 실례지만, 지금 음식을 주문하고 싶은데요.

خدمتکار [بله. بفرمایین. چی میل دارین؟]
bale. befarmāyin. chi meil dārin?

종업원 네. 말씀하세요. 무엇을 드릴까요?
(무엇을 좋아하십니까?, 무엇을 원하십니까?)

ستاره [برا اولین بار به این رستوران اومدیم.]
barā avalin bār be in resturān umadim.

세터레 우리는 이 식당에 처음 왔습니다.

[پس، می تونین یه غذای خوشمزه پیشنهاد کنین؟]
pas mi tunin ye ghazāye khoshmaze pishnahād konin?

그래서 맛있는 음식 추천해 주실 수 있나요?

خدمتکار [جوجه کباب خوشمزه اس.]

juje kabāb khoshmaze as.

종업원 주제캬법이 맛있습니다.

ستاره [پس دو تا جوجه کباب بدین، لطفاً.]

pas do tā juje kabāb bedin, lotfan.

세테레 그러면 주제캬법 두 개 주세요.

خدمتکار [سوپ یا سالاد میل ندارین؟]

sup yā salad meil nadārin?

종업원 수프나 샐러드는 필요없으세요?

ستاره [یه سالاد فصل هم بدین.]

ye sālāde fasl ham bedin.

세테레 계절 샐러드도 하나 주세요.

خدمتکار [چشم. براتون نوشیدنی هم بیارم؟]

chashm. barātun nushidani ham biāram?

종업원 알겠습니다. (당신들을 위해서) 마실 것도 가져다 드릴까요?

ستاره [بله. دو تا کولا و یک آب معدنی هم بدین.]

bale. do tā kola o yek āb ma'dani ham bedin.

세테레 네, 콜라 두 개와 생수 하나 주세요.

خدمتکار [چشم. به زودی غذا آماده می شه.]

chashm. be zudi ghazā āmāde mi she.

종업원 알겠습니다. 곧 음식이 준비될 것입니다.

ستاره [مرسی.]

mersi.

세테레 감사합니다.

연습문제

<참고어휘>

어휘	발음	의미
چای	chāy	차, 홍차
بخورید (خوردن – خور)	bokhorid	(당신(들)은) 먹다 (가정형, 명령형)
مشتری	moshtari	고객
فروختند (فروختن - فروش)	forukhtand	(그들은) 팔았다
پیشنهاد دادند (پیشنهاد دادن - پیشنهاد ده)	pishnahād dādand	(그들은) 추천했다, 제안했다

쓰기

다음에 제시된 어휘로 올바른 문장 만들기.

1. (우리는) 지금 음식을 주문하고 싶습니다.

(می خواهیم ، غذا ، الان ، سفارش بدهیم)

2. (당신들은) 몇 분 이십니까?

(هستید ، چند ، نفر)

3. 콜라 두 개 주세요.

(کولا ، بدهید ، تا ، دو)

4. 우리는 이 식당에 처음 왔습니다.

(این، به ، برای ، بار ، اولین ، ما ، آمدیم ، رستوران)

5. 맛있는 음식을 추천해 주실 수 있나요?

(پیشنهاد کنید ، خوشمزه ، غذای ، می توانید)

연습문제

Drill

주어진 문장을 참고하여, 아래의 문장들이 올바른 의미가 되도록 밑줄 친 부분에 알맞은 단어를 쓰시오.

1. **چی میل دارید؟**

무엇을 드릴까요?(무엇을 좋아하십니까?)

__________ میل دارید؟

차/홍차를 드릴까요?(차를 좋아하십니까?)

چی __________؟

(그들은) 무엇을 좋아합니까?

2. **الان می خواهید غذا سفارش بدهید؟**

(당신들은) 지금 음식을 주문하길 원하십니까?

__________ می خواهید غذا سفارش بدهید؟

(당신들은) 언제 음식을 주문하길 원하십니까?

الان __________ غذا سفارش بدهید؟

(당신들은) 지금 음식을 주문할 수 있습니까?

الان می خواهید غذا __________؟

(당신들은) 지금 음식을 먹길 원하십니까?

연습문제

3. آنـها آن غذای خوشمزه را به ما پیشنـهاد دادند.

그들이 맛있는 그 음식을 우리에게 추천했습니다.

آنـها __________ را به ما پیشنـهاد دادند.

그들은 주제카밥을 우리에게 추천했습니다.

آنـها آن غذای خوشمزه را به __________ پیشنـهاد دادند.

그들이 맛있는 그 음식을 그들의 친구에게 추천했습니다.

آنـها آن غذای خوشمزه را به ما __________ .

그들이 맛있는 그 음식을 우리에게 팔았습니다.

회화 테스트

1. (제가) 당신들을 위해서 마실 것도 가져다 드릴까요?
2. 곧 음식이 준비될 것입니다.
3. 우리는 이 식당에 처음 왔습니다.
4. (당신들은) 여기에 앉으세요.
5. (당신들은) 수프나 샐러드는 필요없으세요(좋아하지 않으세요?)

단원평가(Flex 문제)

1. 다음 대화를 듣고, 이를 올바르게 설명하는 문장을 고르시오.

خدمتکار : سلام. بفرمایید. چند نفر هستید؟
ستاره : سلام. دو نفریم.
خدمتکار : بفرمایید، اینجا بنشینید.
ستاره : ممنون. ببخشید، الان می خواهم غذا سفارش بدهم.
خدمتکار : بله. بفرمایید.

① آنها در رستوران هستند.
② آنجا صندلی خالی ندارد.
③ سه نفر در رستوران هستند.
④ الان آنها غذا می خورند.

단원평가(Flex 문제)

2. 다음 대화를 듣고, 이를 올바르게 설명하는 문장을 고르시오.

خدمتکار : چی میل دارید؟

ستاره : اولین بار به این رستوران آمدیم. می توانید یک غذای خوشمزه پیشنهاد کنید؟

خدمتکار : جوجه کباب خوشمزه است.

ستاره : پس دو تا جوجه کباب بدهید، لطفاً.

خدمتکار : سوپ یا سالاد میل ندارید؟

ستاره : یک سالاد فصل بدهید. دو تا کولا و یک آب معدنی هم بدهید.

خدمتکار : چشم.

① **خدمتکار جوجه کباب را پیشنهاد نکرد.**

② **آن مشتری دیروز هم به این رستوران آمد.**

③ **آن مشتری سوپ هم سفارش داد.**

④ **آن مشتری جوجه کباب سفارش داد.**

18

می توانید بلیطهایم را عوض کنید؟
저의 티켓들을 교환해 주실 수 있습니까?

[학습목표] 표(티켓) 구매하기 및 교환하기
복수형 어미

어휘

어휘	발음	의미
خسته نباشید[1]	khaste nabāshid	수고하십니다, 수고하셨습니다
بلیط / بلیت	belit	표, 티켓
ها	hā	…들 (복수형 어미)
عوض کنید (عوض کردن - عوض کن)	‘avaz konid	(당신(들)은) 교환하다 (가정형)
شیراز	shirāz	쉬러즈 (지명)
خریدم (خریدن – خر)	kharidam	(나는) 샀다, 구입했다
یک کمی	yek kami	약간
زودتر	zud tar	더 빨리, 더 빠른

1) 직역하면 ‘당신이 피곤하지 않으시기를’의 의미이다.

어휘	발음	의미
حرکت کنم (حرکت کردن - حرکت کن)	harakat konam	(나는) 출발하다, 이동하다(가정형)
چک می کنم (چک کردن - چک کن)	chek mikonam	(나는) 확인한다
قطار	qatār	기차
صندلی	sandali	의자, 좌석
خالی	khāli	비어있는
عالی	‘āli	높은, 최고의
کنسل می کنم (کنسل کردن - کنسل کن)	kansel mikonam	(나는) 취소한다
جدید	jadid	새로운
بهتان (= به شما)	behetān (=be shomā)	당신(들)에게
مقصد	maqsad	목적지, 목적
دست شما درد نکند	daste shomā dard nakonad	고맙습니다

문법설명

복수형 어미

1. 복수형 어미

명사 뒤에 **...ان** /ān/이나 **...ها** /hā/ 를 접미하여 명사의 복수형을 만든다.

1) **...ان** /ān/

① 사람과 동물에 활용된다. 신체의 둘 이상의 기관이나 자생하는 식물에 사용한다.

예) **زن** /zan/ + **ان** /ān/ → **زنان** /zanān/ 여자들
درخت /derakht/ + **ان** /ān/ → **درختان**/derakhtān/ 나무들

② 명사가 모음 **ا** /ā/나 **و** /u/, **ی** /i/ 로 끝나는 경우, 매개자음 **ی** 를 첨가하여 모음이 충돌하는 것을 피한다. 단, **ی** /i/ 의 경우 발음만 추가된다.

예) **آقا** /āqā/ + **ی** + **ان** /ān/ → **آقایان** /āqāyān/ 남자들, 신사들
دانشجو /dāneshju/ + **ی** + **ان** /ān/ → **دانشجویان** /dāneshjuyān/ 대학생들
ایرانی /irāni/ + **ان** /ān/ → **ایرانیان** /irāniyān/ 이란인들

③ 명사가 묵음의 **ه** 로 끝나는 경우, **ه** 를 생략하고, **گان** (= **...ان** + **گ**)이 된다.

예) **فرشته** /fereshte/ + **گان** /gān/ → **فرشتگان** /fereshtegān/ 천사들
پرنده/parande/ + **گان** /gān/ → **پرندگان** /parandegān/ 새들

2) ها... /hā/

① 사물에 활용된다. 단, 현대 이란어에서는 사람과 사물에 상관없이 광범위하게 사용된다.

예) (خانمها =) خانم ها /khānom hā/ 여자들
(کتابها=) کتاب ها /ketāb hā/ 책들
کبوتر ها /kabutar hā/ 비둘기들

② 명사가 묵음의 ه 로 끝나는 경우, 명사와 반드시 띄어 쓴다.

예) خانه ها /khāne hā/ 집들
بچه ها /bachche hā/ 아이들

본 문

ستاره سلام، خسته نباشید.

salām. khaste nabāshid.

세터레 안녕하세요. 수고하십니다.

بلیط فروش سلام، بفرمایید.

salām. befarmāyid.

티켓 판매원 안녕하세요. 말씀하세요.

ستاره می توانید بلیطهایم را عوض کنید؟

mi tavānid belithāyam rā ‘avaz konid?

세터레 제 표들을 바꿔주실 수 있나요?

دو تا بلیط ساعت چهار برای شیراز خریدم.

do tā belite sā’ate chāhār barāye shiraz kharidam.

쉬러즈행 4시 표 2장을 샀었습니다.

می خواهم یک کمی زودتر حرکت کنم.

mi khāham yek kami zudtar harakat konam.

좀 더 빨리 출발하고 싶습니다.

بلیط فروش الان چک می کنم.

alān chek mi konam.

티켓 판매원 지금 확인하겠습니다.

در قطار ساعت دو و نیم صندلی های خالی هست.

dar qatāre sā’ate do o nim sandalihāye khāli hast.

2시 반 기차에 빈 좌석이 있습니다.

دو و نیم خوب است؟

do o nim khub ast?

2시 반 괜찮으세요?

ستاره عالی است. خیلی ممنون.

'āli ast. kheili mamnun.

세터레 아주 좋습니다. 대단히 감사합니다.

بلیط فروش پس بلیطهایتان را بدهید.

pas belithāyetān rā bedahid.

티켓 판매원 그러면 당신의 표들을 주세요.

آنها را کنسل می کنم و بلیطهای جدیدی را بهتان می دهم.

ānhā rā kansel mi konam va belithāye jadidi rā behetān mi daham.

그것들을 취소하고 새로운 표들을 당신께 드리겠습니다.

ستاره بفرمایید. مرسی.

befarmāyid. mersi.

세터레 여기 있습니다. 감사합니다.

بلیط فروش بفرمایید. این هم بلیطهای شماست.

befarmāyid. in ham belithāye shomāst.

티켓 판매원 여기 있습니다. 여기 당신의 표들입니다.

مقصد – شیراز، صندلی ده و یازده، و قطار ساعت دو و نیم حرکت می کند.

maqsad – shiraz, sandalie dah o yāzdah, va qatār sā'ate do o nim harakat mi konad.

목적지는 쉬러즈, 10, 11번 좌석, 그리고 기차는 2시 반에 출발합니다.

ستاره دست شما درد نکند.

daste shomā dard nakonad.

세터레 감사합니다.

بلیط فروش خواهش می کنم.

khāhesh mi konam.

티켓 판매원 천만에요.

듣기

ستاره [سلام، خسته نباشین.]

salām. khaste nabāshin.

세터레 안녕하세요. 수고하십니다.

بلیط فروش [سلام، بفرمایین.]

salām. befarmāyin.

티켓 판매원 안녕하세요. 말씀하세요.

ستاره [می تونین بیلیطامو عوض کنین؟]

mi tunin bilitāmo ‘avaz konin?

세터레 제 표들을 바꿔주실 수 있나요?

[دو تا بیلیط ساعت چاهار برا شیراز خریدم.]

do tā bilite sā’ate chāhār barā shiraz kharidam.

쉬러즈행 4시 표 2장을 샀었습니다.

[می خام یه کمی زودتر حرکت کنم.]

mi khām ye kami zudtar harakat konam.

좀 더 빨리 출발하고 싶습니다.

بلیط فروش [الان چک می کنم.]

alān chek mi konam.

티켓 판매원 지금 확인하겠습니다.

[تو قطار ساعت دو و نیم صندلیای خالی هس.]

tu qatāre sā’ate do o nim sandaliāye khāli has.

2시 반 기차에 빈 좌석이 있습니다.

[دو و نیم خوبه؟]

do o nim khube?

2시 반 괜찮으세요?

ستاره [عالیه. خیلی ممنون.]

'āliye. kheili mamnun.

세터레 아주 좋습니다. 대단히 감사합니다.

بلیط فروش [پس بیلیطاتونو بدین.]

pas bilitātuno bedin.

티켓 판매원 그러면 당신의 표들을 주세요.

[اونا رو کنسل می کنم و بیلیطای جدیدی رو بهتون می دم.]

unā ro kansel mi konam va bilitāye jadidi ro behetun mi dam.

그것들을 취소하고 새로운 표들을 당신께 드리겠습니다.

ستاره [بفرمایین. مرسی.]

befarmāyin. mersi.

세터레 여기 있습니다. 감사합니다.

بلیط فروش [بفرمایین. اینم بیلیطای شماس.]

befarmāyin. inam bilitāye shomās.

티켓 판매원 여기 있습니다. 여기 당신의 표들입니다.

[مقصد – شیراز، صندلی ده و یازده، و قطار ساعت دو و نیم حرکت می کنه.]

maqsad – shiraz, sandalie dah o yāzdah, va qatār sā'ate do o nim harakat mi kone.

목적지는 쉬러즈, 10, 11번 좌석, 그리고 기차는 2시 반에 출발합니다.

ستاره [دست شما درد نکنه.]

daste shomā dard nakone.

세터레 감사합니다.

بلیط فروش [خواهش می کنم.]

khāhesh mi konam.

티켓 판매원 천만에요.

연습문제

<참고어휘>

어휘	발음	의미
بدهید **(دادن – ده)**	bedahid	(당신(들)은) 주다 (가정형, 명령형)
هواپیما	havāpeimā	비행기
می رسد **(رسیدن – رس)**	mi ra(e)sad	(그는) 도착한다

쓰기

다음에 제시된 어휘로 올바른 문장 만들기.

1. 제 표를 바꿔주실 수 있나요?

(بلیطم ، می توانید ، را ، عوض کنید)

2. 우리는 좀 더 빨리 출발할 수 있습니다.

(یک کمی ، حرکت کنیم ، می توانیم ، ما، زودتر)

3. 기차에 빈 좌석이 없습니다.

(قطار ، صندلی ، در ، نیست ، خالی)

4. 그들에게 새로운 표(들)을 주세요.

(آنها ، جدید ، بلیطهای ، به ، را ، بدهید)

5. (나는) 테헤란행 오후 3시 표 한 장을 원합니다.

(تهران ، یک ، می خواهم ، بعد از ظهر ، به ، بلیط ، ساعت سه)

연습문제

Drill

주어진 문장을 참고하여, 아래의 문장들이 올바른 의미가 되도록 밑줄 친 부분에 알맞은 단어를 쓰시오.

1. می توانید بلیطهایم را عوض کنید؟

(당신(들)은 제 표들을 바꿔주실 수 있나요?

______ بلیطهایم را عوض کنید؟

(당신(들)은 제 표들을 바꾸길 원하나요?

می توانید ______ را عوض کنید؟

(당신(들)은 그들의 책상을 바꿔주실 수 있나요?

می توانید بلیطهایم را ______؟

(당신(들)은 제 표들을 사주실 수 있나요?

2. در قطار ساعت دو صندلی های خالی هست.

2시 기차에 빈 좌석이 있습니다.

______ ساعت دو صندلی های خالی هست.

2시 비행기에 빈 좌석이 있습니다.

در قطار ______ صندلی های خالی هست.

밤 11시 기차에 빈 좌석이 있습니다.

در قطار ساعت دو صندلی های خالی ______.

2시 기차에 빈 좌석이 없었습니다.

연습문제

3. این قطار ساعت پنج و نیم حرکت می کند.

이 기차는 5시 반에 출발합니다.

__________ ساعت پنج و نیم حرکت می کند.

저 버스는 5시 반에 출발합니다.

این قطار __________ حرکت می کند.

이 기차는 오늘 밤에 출발합니다.

این قطار ساعت پنج و نیم __________.

이 기차는 5시 반에 도착합니다.

회화 테스트

1. (제가) 그것들을 취소하고, 새로운 표들을 당신에게 드리겠습니다.
2. 이 기차의 목적지는 마쉬하드입니다.
3. 제 표를 바꿔주세요.
4. 그들은 좀 더 빨리 출발하기를 원합니다.
5. 지금 버스에 빈 좌석이 있나요?

단원평가(Flex 문제)

1. 다음 **ستاره** 와 매표원의 대화를 듣고, 이를 올바르게 설명하는 문장을 고르시오.

ستاره : سلام، خسته نباشید.

بلیط فروش : سلام، بفرمایید.

ستاره : می توانید بلیطهایم را عوض کنید؟

دو تا بلیط ساعت چهار برای شیراز خریدم.

می خواهم یک کمی زودتر حرکت کنم.

بلیط فروش : الان چک می کنم.

① **ستاره می تواند بلیطها را عوض کند.**

② **بلیط فروش نمی تواند بلیطهای ستاره را عوض کند.**

③ **ستاره دو تا بلیط برای شیراز داشت.**

④ **ستاره خیلی زود به شیراز رسید.**

단원평가(Flex 문제)

2. 다음 대화를 듣고, 옳은 문장을 고르시오.

بلیط فروش : در قطار ساعت دو و نیم صندلی های خالی هست.

ستاره : عالی است. خیلی ممنون.

بلیط فروش : پس بلیطهایتان را بدهید.

آنها را کنسل می کنم و بلیطهای جدیدی را بهتان می دهم.

ستاره : بفرمایید. مرسی

بلیط فروش : بفرمایید. این هم بلیطهای شماست.

مقصد – شیراز، صندلی ده و یازده، و قطار ساعت دو و نیم حرکت می کند.

① **ستاره بلیط ساعت دو و نیم را می خواهد.**

② **ستاره ساعت دو و نیم به شیراز می رسد.**

③ **در قطار دو و نیم صندلی خالی نبود.**

④ **ستاره نتوانست بلیطهای دو و نیم را بخرد.**

19

می خواستم شما را دعوت کنم
당신을 초대하고 싶었어요

[학습목표] 초대하기
과거진행형, 비한정표지

어휘

어휘	발음	의미
خاص	khās	특별한
چرا	cherā	왜, 무슨 이유로
دعوت کنم (دعوت کردن - دعوت کن)	da'vat konam	(나는) 초대하다 (가정형)
راستی	rāsti	진실, 진실로, 그런데
تولدتان مبارک	tavallodetān mobārak	당신의 생일을 축하합니다
تولدتان (= تولد شما)	tavallodetān	당신의 생일
لطف دارید (لطف داشتن - لطف دار)	lotf dārid	(당신(들)은) 친절하시네요

어휘	발음	의미
دیگر	digar	다른, 그밖의
کی	kei	언제
به ما خوش می گذرد (خوش گذشتن - خوش گذر)	be mā khosh mi gozarad	우리에게 즐거운 시간이 될거에요
منتظرتان هستم (منتظر بودن - منتظر باش)	montazeretān hastam	(나는) 당신을 기다린다
می بینمتان (دیدن – بین)	mi binametān	(나는) 당신(들)을 만날 것이다

문법설명

과거진행, 비한정표지

1. 과거진행

1) 과거진행은 과거의 지속된 행위나 반복, 습관 등을 나타낼 때 활용된다.

2) 동사의 과거형에 접두사 **می** /mi/ 를 첨가한다.

과거진행 = **می** /mi/ + [과거어근 + 과거형 어미]

خواندن /khāndan/ 의 과거진행

인칭	단수		복수	
1	**می خواندم**	/mi khāndam/	**می خواندیم**	/mi khāndim/
2	**می خواندی**	/mi khāndi/	**می خواندید**	/mi khāndid/
3	**می خواند**	/mi khānd/	**می خواندند**	/mi khāndand/

3) 접두사 **می** /mi/를 활용하지 않는 동사 **بودن** /budan/과 **داشتن** /dāshtan/은 단순과거시제를 이용하여 과거의 지속된 행위, 반복, 습관을 나타낸다.

4) 과거진행의 부정형은 접두사 **می** 에 묵음의 **ه** 가 탈락된 부정접두사 **نـ** 를 연결한다. 단, 발음은 nami가 아니라 nemi가 된다.

خواندن /khāndan/ 의 과거진행 부정형

인칭	단수		복수	
1	**نمی خواندم**	/nemi khāndam/	**نمی خواندیم**	/nemi khāndim/
2	**نمی خواندی**	/nemi khāndi/	**نمی خواندید**	/nemi khāndid/
3	**نمی خواند**	/nemi khānd/	**نمی خواندند**	/nemi khāndand/

2. 비한정표지

1) 비한정표지는 명사의 비한정성을 나타내며, 세 가지 형태가 존재한다.

① **یک** /yek/ : 명사 앞에 위치하며, 비한정 혹은 숫자 '1'을 나타내기도 한다.

예) **یک کتاب** /yek ketāb/ 어떤 책, 책 한 권

② 어미 ی /i/ : 명사 뒤에 추가하여, 명사의 비한정성을 나타낼 수 있다. 단, 모음으로 끝나는 명사일 경우, 자음 ا 나 ی 를 첨가하고, 묵음의 ه 로 끝나는 경우, ا 를 첨가한다.

예) کتابی	/ketābi/	어떤 책, 한권의 책
کتابهایی	/ketābhāyi/	어떤 책들
خانه ای	/khāneyi/	어떤 집, 하나의 집
کادویی	/kādoyi/	어떤 선물, 하나의 선물
صندلی ای(= صندلیی)	/sandalii= sandaliyi/	어떤 의자, 하나의 의자

③ یک /yek/ + 명사 + ی /i/ : ① 과 ② 를 동시에 사용할 수 있다.

예) یک کتابی /yek ketābi/ 한 권의 어떤 책, 어떤 책

2) 명사구의 비한정표지 ی /i/ 의 위치는 다음과 같다.

① '명사 + 에저페 + 수식어'로 형성된 명사구에서 ی 는 수식어에 연결한다

예) کتاب خوبی	/ketābe khubi/	어떤 좋은 책
روز گرمی	/ruze garmi/	어떤 따뜻한 날

② 명사 바로 뒤에 비한정표지를 넣을 때는 에저페가 생략되고 수식어가 온다. 이 형태는 문어체에 주로 활용된다. 즉, '명사 + ی + 수식어'가 된다.

예) کتابی خوب	/ketābi khub/	어떤 좋은 책
روزی گرم	/ruzi garm/	어떤 따뜻한 날

본 문

ستاره سلام. خوبید؟

salām. khubid?

세터레 안녕하세요. 잘 지내요?

مین جی خوبم. مرسی.

khubam. mersi.

민지 잘 지냅니다. 고마워요.

ستاره مین جی، امشب کاری دارید؟

minji, emshab kāri dārid?

세터레 민지, 오늘 밤에 무슨 일 있어요?

مین جی نه، کار خاصی ندارم. چطور؟

na, kāre khāsi nadāram. chetour?

민지 아니오, 특별한 일 없어요. 어떤 일로 그러세요?

ستاره می خواستم شما را به خانه ام دعوت کنم .

mi khāstam shomā rā be khāne am da'vat konam.

세터레 당신을 나의 집에 초대하고 싶었어요.

مین جی خیلی خوشحال می شوم.

kheili khoshhāl mi shavam.

민지 정말 기쁠거에요.

راستی، امروز تولدتان است؟

rāsti, emruz tavallodetān ast?

정말, 오늘 당신의 생일이죠?

ستاره بله. درست است.

bale. dorost ast.

세테레 네. 맞아요.

پس فقط با چند نفر از دوستهایم می خواستم شام بخورم.

pas faqat bā chand nafar az dusthāyam mi khāstam shām bokhoram.

그래서 친구들 중 몇 명과 저녁을 먹고 싶었어요.

مین جی چه عالی! تولدتان مبارک.

che ʻāli! tavallodetān mobārak.

민지 멋지네요! 생일 축하해요.

ستاره شما لطف دارید.

shomā lotf dārid.

세테레 감사합니다.

مین جی خواهش می کنم. دیگر کی می آید؟

khāhesh mi konam. digar ki miyāyad?

민지 천만에요. 또 누가 오나요?

ستاره مریم و زهرا هم می آیند.

mariyam va zahrā ham miyāyand.

세테레 마리얌과 자흐러도 올거에요.

مین جی حتماً به ما خوش می گذرد.

hatman be mā khosh mi gozarad.

민지 확실히 우리에게 즐거운 시간이 되겠네요.

چه ساعتی بیایم؟

che sā'ati biyāyam?

몇 시에 갈까요?

ستاره ساعت شش بیایید. منتظرتان هستم.

sā'ate shesh biyāyid. montazeretān hastam.

세터레 6시에 오세요. 기다리고 있겠습니다.

مین جی به زودی می بینمتان.

be zudi mibinametān.

민지 곧 만나요.

듣기

ستاره [سلام. خوبین؟]

salām. khubin?

세터레 안녕하세요. 잘 지내요?

مین جی [خوبم. مرسی.]

khubam. mersi.

민지 잘 지냅니다. 고마워요.

ستاره [مین جی، امشب کاری دارین؟]

minji, emshab kāri dārin?

세터레 민지, 오늘 밤에 무슨 일 있어요?

مین جی [نه، کار خاصی ندارم. چطور؟]

na, kāre khāsi nadāram. chetour?

민지 아니오, 특별한 일 없어요. 어떤 일로 그러세요?

ستاره [می خواستم شما رو به خونه ام دعوت کنم.]

mi khāstam shomā ro be khune am da'vat konam.

세터레 당신을 나의 집에 초대하고 싶었어요.

مین جی [خیلی خوشحال می شم.]

kheili khoshhāl mi sham.

민지 정말 기쁠거에요.

[راستی، امروز تولدتونه؟]

rāsti, emruz tavallodetune?

정말, 오늘 당신의 생일이죠?

ستاره [بله. درسته.]

bale. doroste.

세터레 네. 맞아요.

[پس فقط با چن نفر از دوستام می خواستم شام بخورم.]

pas faqat bā chan nafar az dustām mi khāstam shām bokhoram.

그래서 친구들 중 몇 명과 저녁을 먹고 싶었어요.

مین جی [چه عالی! تولدتون مبارک.]

che 'āli! tavallodetun mobārak.

민지 멋지네요! 생일 축하해요.

ستاره [شما لطف دارین.]

shomā lotf dārin.

세터레 감사합니다.

مین جی [خواهش می کنم. دیگه کی می آد؟]

khāhesh mi konam. dige ki miyād?

민지 천만에요. 또 누가 오나요?

ستاره [مریم و زهرا هم می آن.]

mariyam o zahrā ham miyān.

세터레 마리암과 자흐러도 올거에요.

مین جی [حتماً به ما خوش می گذره.]

hatman be mā khosh mi gozare.

민지 확실히 우리에게 즐거운 시간이 되겠네요.

[چه ساعتی بیام؟]

che sā'ati biyām?

몇 시에 갈까요?

ستاره [ساعت شیش بیایین. منتظرتونم.]

sā'ate shish biyāyin. montazeretunam.

세터레 6시에 오세요. 기다리고 있겠습니다.

مین جی [به زودی می بینمتون.]

be zudi mibinametun.

민지 곧 만나요.

연습문제

<참고어휘>

어휘	발음	의미
روی	ruye	… 위에
همکار	hamkār	동료

쓰기

다음에 제시된 어휘로 올바른 문장 만들기.

1. (당신(들)은) 오늘 밤에 특별한 일 있나요?

(دارید ، کار ، امشب ، خاصی)

2. 어떤 책 한권이 책상 위에 있었습니다.

(یک کتابی ، روی ، میز ، بود)

3. 그들을 나의 집에 초대하고 싶었어요.

(آنها ، خانه ام ، می خواستم ، دعوت کنم ، را ، به)

4. 나의 친구들 중 몇 명이 쉬러즈에 갔습니다.

(شیراز ، به ، دوستهایم ، چند ، نفر ، از ، رفتند)

5. 단지 내 가족들과 저녁을 먹고 싶었어요.

(خانواده ام ، شام ، می خواستم ، با ، بخورم ، فقط)

연습문제

Drill

주어진 문장을 참고하여, 아래의 문장들이 올바른 의미가 되도록 밑줄 친 부분에 알맞은 단어를 쓰시오.

1. **می خواستم شما را به خانه ام دعوت کنم.**

(나는) 당신(들)을 내 집에 초대하고 싶었습니다.

__________ شما را به خانه ام دعوت کنم.

(나는) 당신(들)을 내 집에 초대하길 원하지 않았습니다.

می خواستم __________ به خانه ام من دعوت کنم.

(나는) 내 동료를 내 집에 초대하고 싶었습니다.

می خواستم شما را به __________ دعوت کنم.

(나는) 당신(들)을 내 사무실에 초대하고 싶었습니다.

2. **امروز تولدتان نیست؟**

오늘 당신의 생일 아닌가요?

__________ تولدتان نیست؟

내일 당신의 생일 아닌가요?

امروز __________ نیست؟

오늘 휴일이 아닌가요?

امروز تولدتان __________.

오늘 당신의 생일이 아니었습니다.

연습문제

3. آنها به زودی به دانشگاه می رسند.

그들은 곧 대학교에 도착할 것입니다.

آنها __________ به دانشگاه می رسند.

그들은 조금 늦게 대학교에 도착할 것입니다.

آنها به زودی __________ می رسند.

그들은 곧 서울에 도착할 것입니다.

آنها به زودی به دانشگاه __________.

그들은 곧 대학교에 갈 것입니다.

회화 테스트

1. 확실히 우리에게 즐거운 시간이 되겠네요.
2. 곧 만나요(곧 (나는) 당신을 보겠습니다).
3. (저는) 오늘 특별한 일이 없습니다.
4. 생일축하합니다.
5. 단지 친구들 중 몇 명과 저녁을 먹고 싶었어요.

단원평가(Flex 문제)

1. 다음 대화를 듣고, 이를 올바르게 설명하는 문장을 고르시오.

ستاره : مین جی، امشب کاری دارید؟

مین جی : نه، کار خاصی ندارم. چطور؟

ستاره : می خواستم شما را به خانه ام دعوت کنم.

مین جی : ستاره، خیلی ممنون. خوب است. دیگر کی می آید؟

ستاره : مریم و زهرا هم می آیند.

مین جی : چه عالی!

① مین جی و ستاره با هم به خانه ی دوستشان می روند.

② ستاره سه نفر از دوستانش را دعوت کرد.

③ مریم و زهرا به خانه ی ستاره نمی آیند.

④ مین جی نمی تواند به خانه ی ستاره برود.

단원평가(Flex 문제)

2. 다음 대화를 듣고, 옳은 문장을 고르시오.

مین جی : ستاره، امروز تولدتان است؟
ستاره : بله، درست است.
مین جی : تولدتان مبارک.
ستاره : شما لطف دارید.

① امروز تولد مین جی است.
② امروز تولد ستاره است.
③ امروز تولد دوستشان است.
④ امروز تولد ستاره نیست.

20

باید ساعت ده جلوی سینما همدیگر را ببینیم
10시에 극장 앞에서 만나야 합니다

[학습목표] 약속하기
현재완료, 과거완료, 조동사-3 : باید

어휘

어휘	발음	의미
با هم	bā ham	함께, 같이
سینما	sinamā	영화, 영화관
فیلم	film	영화
سانس	sāns	상영시간표
جشنواره	jashnvāre	축제
جایزه	jāyeze	상, 상품
گرفته است (گرفتن - گیر)	gerefte ast	(그것은/그는) 얻었다, 받았다 (현재완료)

어휘	발음	의미
كدام	kodām	어떤, 어느 쪽, 어느 것
شايد	shāyad	아마, 어쩌면
بعد	ba' d	다음에, 뒤에
نهار	nahār	점심식사
بخوريم (خوردن - خور)	bokhorim	(우리는) 먹자 (가정형/청유형)
همدگير	hamdigar	함께, 같이
وارد ... بشويم (وارد شدن - وارد شو)	vārede.. beshavim	(우리는) …에 들어가자 (가정형/청유형)
بايد	bāyad	…해야만 한다
جلوى	jeloye	…앞의
دير	dir	늦은, 늦게
نگران نباشيد (نگران بودن - نگران باش)	negarān nabāshid	(당신(들)은) 걱정마세요 (가정형/명령형)

문법설명

현재완료, 과거완료, 조동사-3 : باید

1. 현재완료

1) 현재완료는 과거의 행위 및 상태가 현재까지 영향을 미치는 경우, 혹은 경험, 완료, 결과의 의미를 나타낸다.

2) 과거분사에 **بودن** 동사의 현재시제 제1형을 연결하여 형성한다.

현재완료 = 과거분사 + **بودن** 동사의 현재시제 제1형

인칭	단수		복수	
1	**نوشته ام**	/neveshte am/	**نوشته ایم**	/neveshte im/
2	**نوشته ای**	/neveshte i/	**نوشته اید**	/neveshte id/
3	**نوشته است**	/neveshte ast/	**نوشته اند**	/neveshte and/

3) 현재완료의 부정형은 과거분사의 어두에 ه 가 탈락된 부정접두사 نـ 를 연결한다.

인칭	단수		복수	
1	**ننوشته ام**	/naneveshte am/	**ننوشته ایم**	/naneveshte im /
2	**ننوشته ای**	/naneveshte i/	**ننوشته اید**	/naneveshte id/
3	**ننوشته است**	/naneveshte ast/	**ننوشته اند**	/naneveshte and/

2. 과거완료

1) 과거완료는 과거보다 더 이전에 일어난 사건을 언급하는 경우에 사용되며, 대과거라고도 불린다.

2) 과거분사에 **بودن** 동사의 과거형을 연결한다.

과거완료 = 과거분사 + **بودن** 동사의 과거형

인칭	단수		복수	
1	**گفته بودم**	/gofte budam/	**گفته بوديم**	/gofte budim/
2	**گفته بودى**	/gofte budi/	**گفته بوديد**	/gofte budid/
3	**گفته بود**	/gofte bud/	**گفته بودند**	/gofte budand/

3) 과거완료의 부정형은 과거분사의 어두에 묵음의 **ه** 가 탈락된 부정접두사 **نَـ** 를 연결한다.

인칭	단수		복수	
1	**نگفته بودم**	/nagofte budam/	**نگفته بوديم**	/nagofte budim/
2	**نگفته بودى**	/nagofte budi/	**نگفته بوديد**	/nagofte budid/
3	**نگفته بود**	/nagofte bud/	**نگفته بودند**	/nagofte budand/

3. 조동사-3 : باید

1) 의미 : '…해야만 한다', '…임에 틀림없다'

2) 주어 다음에 위치하며, 뒤에 오는 본동사는 반드시 가정형이 온다.

인칭	단수		복수	
1	باید بروم	/bāyad beravam/	باید برویم	/bāyad beravim/
2	باید بروی	/bāyad beravi/	باید بروید	/bāyad beravid/
3	باید برود	/bāyad beravad/	باید بروند	/bāyad beravand/

2) 부정형은 조동사 باید 어두에 묵음의 ه 가 탈락된 부정접두사 نـ 를 연결한다.

인칭	단수		복수	
1	نباید بروم	/nabāyad beravam/	نباید برویم	/nabāyad beravim/
2	نباید بروی	/nabāyad beravi/	نباید بروید	/nabāyad beravid/
3	نباید برود	/nabāyad beravad/	نباید بروند	/nabāyad beravand/

본 문

مین جی فردا با هم به سینما برویم.

fardā bā ham be sinamā beravim.

민지 내일 함께 극장에 가요.

فیلم خوبی دارد.

filme khubi dārad.

괜찮은 영화가 있어요.

این فیلم از یک جشنواره ی فیلم جایزه هم گرفته است.

in film az yek jashnvāreye film jāyeze ham gerefte ast.

이 영화는 한 영화제에서 상도 받았어요.

ستاره خوب است. من هم دوست دارم بروم.

khub ast. man ham dust dāram beravam.

세터레 좋아요. 나도 가고 싶어요.

کدام سینما برویم؟

kodām sinamā beravim?

어느 영화관에 갈까요?

مین جی سینما حافظ.

sinamā hāfez.

민지 허페즈 극장이요.

ستاره چه سانس هایی دارد؟

che sānshāyi dārad?

세터레 상영시간이 언제인가요?

مین جی ساعت ده و ربع صبح و ساعت پنج بعد از ظهر.

sā'ate dah o rob'e sobh va sā'ate panje ba'd az zohr.

민지 오전 10시 15분과 오후 5시 상영이에요.

کی برویم؟

kei beravim?

언제 갈까요?

ستاره شاید ساعت ده و ربع بهتر باشد. بعد با هم نهار بخوریم.

shāyad sā'ate dah o rob' behtar bāshad. ba'd bā ham nahār bokhorim.

세터레 아마도 10시 15분이 좋을 것 같아요. 그리고 나서 같이 점심 먹어요.

مین جی خیلی خوب.

kheili khub.

민지 좋아요.

ستاره کی همدیگر را ببینیم؟

kei hamdigar rā bebinim?

세터레 언제 만날까요?

مین جی از ساعت ده می توانیم وارد سالن بشویم.

az sā'ate dah mi tavānim vārede sālon beshavim.

민지 10시 부터 상영관에 들어갈 수 있대요.

پس باید ساعت ده جلوی سینما همدیگر را ببینیم.

pas bāyad sā'ate dah jeloye sinamā hamdigar rā bebinim.

그러니까 극장 앞에서 10시에 만나야만 해요.

دیر نیایید.

dir nayāyid.

늦지 마세요.

ستاره **نگران نباشید. تا فردا.**

negarān nabāshid. tā fardā.

세터레 걱정마세요. 내일 만나요.

مین جی **خدا حافظ.**

khodā hāfez.

민지 안녕히 가세요.

듣 기

مین جی **[فردا با هم به سینما بریم.]**

fardā bā ham be sinamā berim.

민지 내일 함께 극장에 가요.

[فیلم خوبی داره.]

filme khubi dāre.

괜찮은 영화가 있어요.

[این فیلم از یه جشنواره ی فیلم جایزه هم گرفته.]

in film az ye jashnvāreye film jāyeze ham gerefte.

이 영화는 한 영화제에서 상도 받았어요.

ستاره **[خب. منم دوست دارم برم.]**

khob. manam dust dāram beram.

세터레 좋아요. 나도 가고 싶어요.

[کدوم سینما بریم؟]

kodum sinamā berim?

어느 영화관에 갈까요?

مین جی [سینما حافظ.]

sinamā hāfez.

민지 허페즈 극장이요.

ستاره [چه سانسایی داره؟]

che sānsāyi dāre?

세터레 상영시간이 언제인가요?

مین جی [ساعت ده و ربع صبح و ساعت پنج بعد از ظهر.]

sā'ate dah o rob'e sobh va sā'ate panje ba'd az zohr.

민지 오전 10시 15분과 오후 5시 상영이에요.

[کی بریم؟]

kei berim?

언제 갈까요?

ستاره [شاید ساعت ده و ربع بهتر باشه. بعد با هم ناهار بخوریم.]

shāyad sā'ate dah o rob' behtar bāshe. ba'd bā ham nāhār bokhorim.

세터레 아마도 10시 15분이 좋을 것 같아요. 그리고 나서 같이 점심 먹어요.

مین جی [خیلی خب.]

kheili khob.

민지 좋아요.

ستاره [کی همدیگرو ببینیم؟]

kei hamdigaro bebinim?

세터레 언제 만날까요?

مین جی [از ساعت ده می تونیم وارد سالن بشیم.]

az sā'ate dah mi tunim vārede sālon beshim.

민지 10시 부터 상영관에 들어갈 수 있대요.

[پس باید ساعت ده جلوی سینما همدیگرو ببینیم.]

pas bāyad sā'ate dah jeloye sinamā hamdigaro bebinim.

그러니까 극장 앞에서 10시에 만나야만 해요.

[دیر نیایین.]

dir nayāyin.

늦지 마세요.

ستاره [نگران نباشین. تا فردا.]

negarān nabāshin. tā fardā.

세터레 걱정마세요. 내일 만나요.

مین جی [خدا حافظ.]

khodā hāfez.

민지 안녕히 가세요.

연습문제

<참고어휘>

어휘	발음	의미
پارسال	pārsāl	작년
استخر	estakhr	수영장
کنار	kenār	측면, 옆쪽, …옆에
دریا	daryā	바다
صدا بزند (صدا زدن - صدا زن)	sedā bezanad	(그는) 부르다 (가정형)
تا	tā	…까지

쓰기

다음에 제시된 어휘로 올바른 문장 만들기.

1. 이 영화는 한 영화제에서 상도 받았어요.

(از ، جشنواره ی فیلم ، این فیلم ، هم ، یک ، جایزه ، گرفته است)

2. (우리는) 어느 영화관에 갈까요?

(کدام ، برویم ، سینما)

3. 아마도 10시 15분이 좋을 것 같아요.

(باشد ، بهتر ، ساعت ده و ربع ، شاید)

4. (우리는) 10시부터 상영관에 들어갈 수 있어요.

(ساعت ده، بشویم ، می توانیم ، وارد ، از ، سالن)

5. (우리는) 극장 앞에서 10시에 서로를 만나야만 해요.

(جلوی ، باید ، را ، سینما ، ببینیم ، ساعت ده ، همدیگر)

연습문제

Drill

주어진 문장을 참고하여, 아래의 문장들이 올바른 의미가 되도록 밑줄 친 부분에 알맞은 단어를 쓰시오.

1. من هم دوست دارم به سینما بروم.

나도 극장에 가는 것을 좋아합니다.

من هم __________ به سینما بروم.

나도 극장에 가는 것을 원하지 않았었습니다.

من هم دوست دارم __________ بروم.

나도 수영장에 가는 것을 좋아합니다.

2. ما باید جلوی سینما مادرمان را ببینیم.

우리는 극장 앞에서 우리 엄마를 만나야만(봐야만) 한다.

ما باید __________ مادرمان را ببینیم.

우리는 바닷가에서 우리 엄마를 만나야만(봐야만) 한다.

ما باید جلوی سینما __________ را ببینیم.

우리는 극장 앞에서 우리 친구들을 만나야만(봐야만) 한다.

ما باید جلوی سینما مادرمان را __________.

우리는 극장 앞에서 우리 엄마를 불러야만 한다.

연습문제

3. آنها از ساعت ده می توانند وارد سالن بشوند.

그들은 10시부터 상영관(홀)에 들어갈 수 있습니다.

آنها ____________ می توانند وارد سالن بشوند.

그들은 밤 9시까지 상영관(홀)에 들어갈 수 있습니다.

آنها از ساعت ده __________ وارد سالن بشوند.

그들은 10시부터 상영관(홀)에 들어가야만 합니다.

آنها از ساعت ده می توانند وارد __________ بشوند.

그들은 10시부터 그 방에 들어갈 수 있습니다.

회화 테스트

1. 걱정마세요.
2. 언제 만날까요?(언제 서로를 볼까요?)
3. 아마도 이 영화가 좋을 것 같아요.
4. 그들은 9시 30분에 교실에 있어야만 합니다.
5. 그는 작년에 이란에 갔었습니다(과거완료).

단원평가(Flex 문제)

1. 다음 대화를 듣고, 이를 올바르게 설명하는 문장을 고르시오.

مین جی : فردا با هم به سینما برویم، ستاره. فیلم خوبی دارد.
ستاره : خوب است. من هم دوست دارم بروم، مین جی. کدام سینما برویم؟
مین جی : سینما حافظ.
ستاره : چه سانس هایی دارد؟
مین جی : ساعت ده و ربع صبح و ساعت پنج بعد از ظهر. کی برویم؟
ستاره : شاید ساعت ده و ربع بهتر باشد. بعد با هم نهار بخوریم.
مین جی : خیلی خوب.

① **آنها دوست ندارند به سینما بروند.**

② **آنها به سینما حافظ نمی روند.**

③ **آنها نهار می خورند و به سینما می روند.**

④ **فیلم ساعت ده و ربع برای آنها خوب است.**

단원평가(Flex 문제)

2. 다음 대화를 듣고, 옳은 문장을 고르시오.

ستاره : کی همدیگر را ببینیم؟
مین جی : ساعت ده چطور است؟
ستاره : یک ربع زودتر چطور است؟
مین جی : خیلی خوب است.

① آنها ساعت ده همدیگر را می بینند.
② آنها یک و ربع همدیگر را می بینند.
③ آنها یک ربع به ده همدیگر را می بینند.
④ آنها ساعت ده و ربع همدیگر را می بینند.

정답 모음

제1과

연습문제

1.

1) جیم / ججج
2) یِ / ییی
3) عِین / ععع
4) قاف / ققق
5) هِ / ههه
6) واو / ووو
7) صاد / صصص
8) نون / ننن
9) شین / ششش
10) بِ / ببب

2.

1) ستاره
2) حیاط
3) چپ
4) ایران
5) مداد
6) عینک
7) بینی
8) ویژه
9) روسری
10) فصل

제2과

연습문제

1.

1) /bo/
2) /fa/
3) /me/
4) /ye/
5) /ra/
6) /ja/
7) /kho/
8) /ke/
9) /la/
10) /ze/

2.

1) /āb/
2) /khub/
3) /tā/
4) /del/
5) /masjed/

3.

1) C+V+C+ V (2음절)
2) C+V+C+C+ V+C (2음절)
3) C+V+C (1음절)

제3과

연습문제

1.

1)	/mo'allem/	6)	/ambe/
2)	/asb/	7)	/shekar/
3)	/taqriban/	8)	/chahārshambe/
4)	/goruh/	9)	/pambe/
5)	/piŋpoŋ/	10)	/agyar/

제4과

쓰기

1. او خوب اَست؟
2. ما مَمنونیم. (مَمنون + ایم)
3. مَن هَم خوبَم. (مَن هَم خوب + اَم)
4. شُما مُعَلمید؟ (شُما مُعَلِم + اید)
5. آنها دانِشجو اَند.

Drill

1. روز بِخِیر.

شَب بِخِیر.

2. شُما خوب اید؟ (= شُما خوبید؟)

او بد اَست؟

آنـها خوب اَند؟

3. تو دانِشجو ای.

مَن کارمَند اَم.

ما دانِشجو ایم.

회화 테스트

1. خُدا حافِظ / خُدا نِگَهدار.

2. خواهِش می کُنَم.

3. آنـها خوبَند؟

4. مَن خوبَم.

5. او مُعَلِم اَست؟

단원평가

1. ③ : ستاره 의 인사는 아침인사이지만, ③은 낮 혹은 오후 인사이다.

2. ② : '고맙습니다'에 대한 답은 '천만에요 ②'이다.

제5과

쓰기

1. ما آمریکایی هَستیم.
2. آنـها کُجایی هَستَند؟
3. مَن مُهَندِس هَستَم.
4. مَن هَم خوشوَقت هَستَم.(= مَن هَم خوشوقتَم.)
5. شُما هَمه کُره ای هَستید؟

Drill

1. او ایرانی است.
   تو چینی هَستی.
   ما ایرانی هَستیم.
2. آنـها کُجایی اَند؟
   او آلمانی اَست؟
3. شُما کارمَند هَستید.
   مَن مُعَلِم هَستَم.

회화 테스트

1. مَن کُره ای هَستَم.
2. خوشوَقتَم.
3. آنها هَمه ایرانی هَستَند؟
4. ما هَم آمریکایی هَستیم.
5. شُما هَم دانِشجو هَستید؟

단원평가

1. ④ : '당신도 이란인입니까'라는 **ستاره**의 질문에, **ستاره**가 '네'로 대답했으므로, 연결되는 문장은 ④의 '저도 이란사람입니다'이다.
2. ① : 두 사람은 처음만났을 때의 인사를 주고 받고 있다.

제6과

쓰기

1. پِدَرِ آنها مُهَندِس اَست.
2. حالِ شُما خوب اَست؟
3. این عَلی اَست.
4. پِدَرِ مَن اینجا اَست. (= پِدَرِ مَن اینجاست.)
5. تو دوستِ مَن هَستی؟

Drill

1. کِتابِ مَن اینجاست.

میزِ بَچه ی ما اینجاست.

میزِ مَن آنجا اَست. (= میز مَن آنجاست.)

2. آن مادَرِ ما اَست.

این مُعَلِمِ آنها اَست.

3. بَچه ی شُما چِطور اَست؟

حالِ پِدَرِ تو چِطور اَست؟

حالِ شُما خوب اَست؟

회화 테스트

1. سِتاره دوستِ مَن اَست.
2. آن مُرَبیِ مَن اَست.
3. بَچه ی شُما اینجاست.
4. دوستِ مَن دانِشجو اَست.
5. حالِ او چِطور اَست؟

단원평가

1. ③ : **ستاره** 와 **مین جی** 는 친구사이이다.

2. ① : **مین جی** 의 가족들은 모두 이곳에 있다.

제7과

쓰기

1. آن چی است؟ (= آن چیست؟)
2. آنها دُکتُر نیستَند.
3. این میوه شیرین نیست.
4. آن کارمَند پیر اَست.
5. آن بَچه خواهَر مَن نیست.

Drill

1. شُغلِ او چیست؟

   اسمِ دوستِ تو چیست؟

2. میزِ مَن بُزُرگ اَست.

   این کِتاب کوچک اَست.

   این کِتاب بُزُرگ نیست.

3. این خانُم کی است؟

   او دوستِ آنها اَست؟

회화 테스트

1. آن خانُم کیست؟
2. آن مَردِ جَوان مُعَلِمِ مَن اَست.
3. خُرما خوشمَزه وَ شیرین اَست.
4. پِدَرِ مَن کارمَند اَست.
5. مُعَلِمِ مَن کُره ای نیست.

단원평가

1. ④ : 저 젊은 여자는 **مین جی** 의 여자형제이다.
2. ③ : 과일이 매우 맛있다(달콤하다).

제8과

쓰기

1. من ماشین دارم.
2. این دُختَر موبایل نَدارد.
3. آن قَلَم مالِ تو نیست.
4. خانِواده ی آنها خانه دارَد.
5. این کیف مال کی است؟ (= این کیف مال کیست؟)

Drill

1. اینِ کِتابِ کوچَک مالِ مَن اَست.

آن ماشینِ بُزُرگ مالِ بَرادَرِ مَن اَست.

آن ماشینِ بُزُرگ مالِ مَن نیست.

2. ما کامپیوتِر داریم.

تو سیگار داری.

3. آن فَرش مالِ سِتاره اَست.

این مِداد مالِ دوستِ مَن اَست.

این مِداد مالِ سِتاره نیست.

회화 테스트

1. آن دانِشجو کیف دارَد؟
2. این کِتاب مالِ آن مُهَندِس اَست.
3. آن ماشین مالِ شِرکَتِ آنها اَست.
4. ما دُختَر نَداریم.
5. آنها هَمه سیگار دارَند.

단원평가

1. ④ : **مین جی** 의 남자형제의 책은 크다.

2. ② : **مین جی** 는 남자형제와 여자형제가 모두 있다.

제9과

쓰기

1. ما دیروز به مَدرِسه نَرَفتیم.
2. اِمروز هَوا سَرد بود.
3. آنـها میوه ی خوشمَزه داشتَند.
4. این چَتر مالِ مَن بود.
5. ما به خانه ی مُعَلِم رَفتیم.

Drill

1. پَریروز بارانی بود.

   دیروز آفتابی بود.

   دیروز بارانی نَبود.

2. دوستِ تو دانِشجو بود.

   پِسَرِ آنـها بَچه بود.

   پِسَرِ آنـها دانِشجو نَبود.

3. آنجا قَلَم زیاد بود.

   اینجا صَندَلی زیاد بود.

   اینجا قَلَم کم بود.

회화 테스트

1. آنها کامپیوتِر داشتَند؟
2. دیروز هَوا آفتابی و گرم بود.
3. مَن به خانه ی خواهَرِ او رَفتَم.
4. خانِواده ی مَن هَمه آنجا بود./ خانِواده ی مَن هَمه آنجا بودَند.
5. شُما چَتر نَداشتید؟

단원평가

1. ② : 오늘 **سِتاره** 와 **مین جی** 모두 우산을 가지고 있지 않다.
2. ③ : **مین جی** 는 현재 회사원이 아니다.

제10과

쓰기

1. الان ساعت چند است؟
2. ما تا ساعَتِ سه بَعد اَز ظُهر کِلاس داشتیم.
3. اَلان ساعَتِ پَنج و رُبع اَست.
4. آنها ساعَتِ دَهِ شَب به خانه رَفتَند.
5. شُما دَه دَقیقه به دَوازدَه آنجا بودید.

Drill

1. بَعد اَز ظُهر کِلاس داشتَم.
صُبح جَلَسه داشتَم.
صُبح کِلاس داشتَند.

2. مَن ساعَتِ چِهار به شِرکَت رَفتَم.
او ساعَتِ نه و نیم به شِرکَت رَفت.
او ساعَتِ چِهار به دانِشگاه رَفت.

3. آن مُهَندِس کِی اینجا اَست؟
مادَرِ شُما شَب اینجا اَست؟
مادَرِ شُما کِی اینجا بود؟

회화 테스트

1. دیروز ساعَتِ نُهِ صُبح هَوا آفتابی بود.
2. آن مُعَلِم تا ساعَتِ پَنج و پانزدَه دَقیقه کِلاس داشت.
(= آن مُعَلِم تا ساعَتِ پَنج و رُبع کِلاس داشت.)
3. ساعت چَند اَست؟
4. سِتاره ساعَت هَفت کُجا بود؟
5. جَلَسه ی آنها تا ساعَتِ چِهار و نیم بود.

단원평가

1. ③ : **مین جی** 는 4시까지 수업이 있다.
2. ④ : 어제 **مین جی** 는 선생님 댁에 갔다.

제11과

쓰기

1. این پیراهن آبی خیلی قشنگ است.
2. این خیلی گران است.
3. این شلوار سیاه را می خرم.
4. این چند است؟
5. بلوز رنگ دیگر هم دارید؟

Drill

1. برند این لباس چیست؟

   رنگ این قلم چیست؟

   رنگ این لباس قرمز است.

2. صبح ستاره کیف مردانه خرید.

   دیروز مادر او کیف مردانه خرید.

   دیروز ستاره بلوز سفید خرید.

3. این پیراهن آبی رنگ خیلی گران است.

   این صندلی خیلی ارزان است.

   این صندلی خیلی گران نبود.

회화 테스트

1. این جنس خوبی است.
2. قیمت این پیراهن دویست هزار ریال است.
3. قابلی ندارد.
4. پیراهن سفید می خواهم.
5. رنگ دیگر ندارید؟

단원평가

1. ③ : **مین جی** 는 아버지를 위해 남성용 셔츠를 원한다.
2. ① : 1000 토만은 10,000리얄이다.

제12과

쓰기

1. خانواده ام در تهران زندگی می کند.
2. دانشگاه نزدیک خانه ام است.
3. او با دوست در پارک بود.
4. تو در روستا زندگی می کنی؟
5. کجای ایران زندگی می کنید؟

Drill

1. آنها در سئول زندگی می کنند.

من در خانه ی بزرگ زندگی می کنم.

من در سئول زندگی نمی کنم.

2. دفترت کجاست؟

خانه ات اینجاست؟

3. دانشگاهشان نزدیک میدان ونک است.

خانه ام جلوی میدان ونک است.

خانه ام نزدیک میدان ونک بود.

회화 테스트

1. خانه ی دوستتش (= خانه ی دوست او) کجاست؟
2. ستاره با کی زندگی می کند؟
3. پدر و مادرم (= پدر و مادر من) در سئول زندگی می کنند.
4. برادرم (= برادر من) با من زندگی نمی کند.
5. خانه ی مادربزرگش (= خانه ی مادربزرگ او)
نزدیک دانشگاهم (= دانشگاه من) است.

단원평가

1. ④ : **مین جی** 는 여자형제와 함께 살고 있다.

2. ② : **ستاره** 의 집은 테헤란에 있습니다.

제13과

쓰기

1. امروز چهارشنبه است.
2. فردا بیست و سوم مرداد است.
3. در ایران جمعه تعطیل است.
4. در کره دوشنبه روز اول هفته است.
5. شنبه هم کلاس داری؟

Drill

1. همیشه در خانه چه کار می کنید؟

معمولا در پارک چه کار می کنید؟

معمولا در خانه استراحت می کنم.

2. فردا چه روزی است؟

امروز چند شنبه است؟

3. در این کشور پنجشنبه و جمعه آخر هفته است.

در ایران شنبه روز کار است.

회화 테스트

1. فردا چندم است؟
2. در ایران شنبه روز اول هفته است.
3. امروز چه روزی است؟ (= امروز چند شنبه است؟)
4. امروز هفدهم آوریل است.
5. دیروز تعطیل بود.

단원평가

1. ① : **ستاره** 는 토요일에 대학교에 간다.
2. ④ : 이란에서 금요일은 주말입니다.

제14과

쓰기

1. من از برادرم کوچکتر هستم.
2. سرگرمی آنها شنا است.
3. به نظر من، صدای گیتار بهترین صدای دنیا است.
4. آنها ساز می زنند.
5. شما به ورزش علاقه ندارید؟

Drill

1. من خانواده ام را دوست دارم.

من ورزش را دوست نداشتم.

2. امشب برای من گیتار می زنید؟

بعداً برای دوستتان گیتار می زنید؟

بعداً برای من پیانو می زنید؟

3. این اتاق از آن اتاق گرم تر است.

امروز از دیروز بهتر است.

امروز از دیروز گرم تر نیست.

회화 테스트

1. موسیقی را بیشتر از ورزش دوست دارم.
2. من هم همینطور فکر می کنم.
3. ساز مورد علاقه ی شما چیست؟
4. من هرروز ساز می زنم.
5. او به ورزش علاقه ندارد.

단원평가

1. ③ : **ستاره** 는 수영과 스키를 좋아합니다.

2. ① : **مین جی** 는 음악을 좋아합니다.

제15과

쓰기

1. می توانم با ستاره صحبت کنم؟
2. با من کار داشتید؟
3. آنها توانستند به راحتی به خانه برسند.
4. بعد از تعطیلات همدیگر را ببینیم.
5. الان می توانم با آنها صحبت کنم.

Drill

1. من نتوانستم گیتار بزنم.

   من می توانم تار بزنم.

   من می توانم گیتار بیاورم.

2. فردا همدیگر را ببینیم.

   بعد از تعطیلات ستاره را ببینیم.

   بعد از تعطیلات همدیگر را ملاقات کنیم.

3. آن فنجان می تواند بیفتد.

   آن لیوان نتوانست بیفتد.

   آن لیوان می تواند بشکند.

회화 테스트

1. او می تواند معلم بشود. (او می تواند معلم شود.)
2. می توانم آن مهندس را ببینم؟ (می توانم با آن مهندس ملاقات کنم؟)
3. گوشی.
4. من کار خاصی نداشتم.
5. شما توانستید به راحتی به دانشگاه برسید؟

단원평가

1. ② : **ستاره** 와 **مین جی** 는 친구입니다.
2. ④ : **ستاره** 의 생각에, **مین جی** 는 친절합니다.

제16과

쓰기

1. سینما حافظ کجا است؟ (= سینما حافظ کجاست؟)
2. می توانم با اتوبوس آنجا بروم؟
3. ما می توانیم پیاده برویم.
4. تا چهار راه اول، مستقیم بروید. (= مستقیم بروید تا چهار راه اول)
5. راحت می توانید دانشگاه تهران را پیدا کنید.

Drill

1. از خیابان سوم رد شوید و از اولین کوچه به سمت راست بپیچید.
   از چهارراه رد شوید و از کوچه ی اول به سمت راست بپیچید.
   از چهارراه رد شوید و از اولین کوچه به سمت چپ بپیچید.
2. خواستید راه را نشان بدهید؟
   می توانید این لباس را نشان بدهید؟
   می توانید راه را پیدا کنید؟
3. نمی توانند با اتوبوس به بانک بروند.
   می توانند با تاکسی به بانک بروند.
   می توانند با اتوبوس به دانشگاه بروند.

회화 테스트

1. تا دانشگاه با اتوبوس تقریباً ده دقیقه طول می کشد.
2. از اینجا چطور می توانم به دانشگاه تهران بروم؟
3. می توانید به من راه را نشان بدهید؟
4. دویست متر مستقیم بروید. آنجا، دست چپ، دانشگاه تهران است.
5. خیلی راحت می توانید دانشگاه تهران را پیدا کنید.

단원평가

1. ③ : 그는 20분 후에 테헤란대학교에 도착할 수 있다
2. ③ : 그는 쉽게 은행을 찾을 수 있습니다.

제17과

쓰기

1. الان می خواهیم غذا سفارش بدهیم.
2. چند نفر هستید؟
3. دو تا کولا بدهید.
4. ما برای اولین بار به این رستوران آمدیم.
5. می توانید غذای خوشمزه پیشنهاد کنید؟

Drill

1. چای میل دارید؟

چی میل دارند؟

2. کی می خواهید غذا سفارش بدهید؟

الان می توانید غذا سفارش بدهید؟

الان می خواهید غذا بخورید؟

3. آنها جوجه کباب را به ما پیشنهاد دادند.

آنها آن غذای خوشمزه را به دوستشان پیشنهاد دادند.

آنها آن غذای خوشمزه را به ما فروختند.

회화 테스트

1. برایتان (= برای شما) نوشیدنی هم بیاورم؟
2. به زودی غذا آماده می شود.
3. ما برای اولین بار به این رستوران آمدیم.
4. اینجا بنشینید.
5. سوپ یا سالاد میل ندارید؟

단원평가

1. ① : 그들은 식당에 있습니다.

2. ④ : 그 고객은 주제캬법을 주문했다.

제18과

쓰기

1. می توانید بلیطم را عوض کنید؟
2. ما می توانیم یک کمی زودتر حرکت کنیم.
3. در قطار صندلی خالی نیست.
4. به آنها بلیطهای جدید را بدهید.
5. یک بلیط ساعت سه بعد از ظهر به تهران می خواهم.

Drill

1. می خواهید بلیطهایم را عوض کنید؟

   می توانید میزشان را عوض کنید؟

   می توانید بلیطهایم را بخرید؟

2. در هواپیما ساعت دو صندلی های خالی هست.

   در قطار ساعت یازده شب صندلی های خالی هست.

   در قطار ساعت دو صندلی های خالی نبود.

3. آن اتوبوس ساعت پنج و نیم حرکت می کند.

   این قطار امشب حرکت می کند.

   این قطار ساعت پنج و نیم می رسد.

회화 테스트

1. آنها را کنسل می کنم و بلیطهای جدیدی را بهتان می دهم.
2. مقصد این قطار مشهد است.
3. بلیطم را عوض کنید.
4. آنها می خواهند یک کمی زودتر حرکت کنند.
5. الان در اتوبوس جای خالی هست؟

단원평가

1. ③ : 세터레는 쉬러즈행 표 두 장을 가지고 있었다
2. ① : ستاره 는 2시 반 표를 원한다.

제19과

쓰기

1. امشب کار خاصی دارید؟
2. یک کتابی (= کتابی / یک کتاب) روی میز بود.
3. می خواستم آنها را به خانه ام دعوت کنم.
4. چند نفر از دوستهایم به شیراز رفتند.
5. فقط با خانواده ام می خواستم شام بخورم.

Drill

1. نمی خواستم شما را به خانه ام دعوت کنم.
   می خواستم همکارم را به خانه ام من دعوت کنم.
   می خواستم شما را به دفترم دعوت کنم.
2. فردا تولدتان نیست؟
   امروز تعطیل نیست؟
   امروز تولدتان نبود.
3. آنها یک کمی دیر به دانشگاه می رسند.
   آنها به زودی به سئول می رسند.
   آنها به زودی به دانشگاه می روند.

회화 테스트

1. حتماً به ما خوش می گذرد.
2. به زودی می بینمتان.
3. امروز کار خاصی ندارم.
4. تولدتان مبارک.
5. فقط با چند نفر از دوستهایم می خواستم شام بخورم.

단원평가

1. ② : **ستاره** 는 그의 친구들 중 세 명을 초대했다

2. ② : 오늘은 세터레의 생일입니다.

제20과

쓰기

1. این فیلم از یک جشنواره ی فیلم جایزه هم گرفته است.
2. کدام سینما برویم؟
3. شاید ساعت ده و ربع بهتر باشد.
4. از ساعت ده می توانیم وارد سالن بشویم.
5. باید ساعت ده جلوی سینما همدیگر را ببینیم.

Drill

1. من هم نمی خواستم به سینما بروم.

   من هم دوست دارم به استخر بروم.

2. ما باید کنار دریا مادرمان را ببینیم.

   ما باید جلوی سینما دوستهایمان را ببینیم.

   ما باید جلوی سینما مادرمان را صدا بزنیم.

3. آنها تا ساعت نه شب می توانند وارد سالن بشوند.

   آنها از ساعت ده باید وارد سالن بشوند.

   آنها از ساعت ده می توانند وارد آن اتاق بشوند.

회화 테스트

1. نگران نباشید.
2. کی همدیگر را ببینیم؟
3. شاید این فیلم بهتر باشد.
4. آنها ساعت نه و نیم باید در کلاس باشند.
5. او پارسال به ایران رفته بود.

단원평가

1. ④ : 그들에게 10시 15분 영화가 좋다.
2. ③ : 그들은 10시 15분 전에 만날 것이다.

어휘 모음

4과 어휘

어휘	발음	의미
سَلام	salām	안녕. 안녕하세요.
صُبح	sobh	아침
بِخِير (به خِير)	bekheir	좋게, 기쁘게
خوبی	khubi	(너는) 좋아요
خوبَم	khubam	(나는) 좋아요
مِرسی	mersi	고마워요
تو	to	너 (단수 2인칭 대명사)
مَمنون	mamnun	고마운, 감사하는
عَلی	‘ali	알리(남자 이름)
خوب	khub	좋은
اَست	ast	(그는/그녀는/그것은) …이다, 있다
هَم	ham	…도, 또한
خواهِش می کُنَم	khāhesh mi konam	천만에요. 괜찮아요.
خُدا حافِظ	khodā hāfez	안녕히 가세요. 안녕히 계세요.
خُدا نِگهدار	khodā negahdār	안녕히 가세요. 안녕히 계세요.

5과 어휘

어휘	발음	의미
هَستَم	hastam	(나는) …이다, 있다
سِتاره	setāre	세터레(여자 이름), 별
كُجايى	kojāyi	어디 출신의, 어느 나라의
ايرانى	irāni	이란의, 이란사람
هَستَند	hastand	(그들은) …이다, 있다
هَمه	hame	모두
كُره اى	korei	한국의, 한국사람
خِيلى	kheili	매우
خوشوَقتَم (خوشوَقت + اَم)	khoshvaqtam	반갑습니다 (처음 만났을 때 인사)

6과 어휘

어휘	발음	의미
جان	jān	(친근한 사이에) 이름 뒤에 붙이는 호칭, 영혼
حال	hāl	기분, 상태, 상황
چِطُور	chetour	어떻게
اين	in	이, 이것, 이 사람
مادَر	mādar	어머니
دوست	dust	친구
خانُم	khānom	...씨, ...양, 숙녀, 부인

어휘	발음	의미
پِدَر	pedar	아버지
اینجا	injā	이곳, 여기
آن	ān	저, 저것, 저 사람 그, 그것, 그 사람
چِه خوب!	che khub	좋겠어요! 좋네요! (감탄문)
خانِواده	khānevāde	가족 (집합 명사)

7과 어휘

어휘	발음	의미
اِسم	esm	이름
میوه	mive	과일, 열매
چیست (چی + است)	chist	무엇입니까
چی	chi	무엇
خُرما	khormā	대추야자
آیا	āyā	의문불변화사
خوشمَزه	khoshmaze	맛있는
وَ	va	그리고
شیرین	shirin	달콤한
بِفَرمایید	befarmāyid	여기 있습니다
کیست (کی + است)	kist	누구입니까
کی	ki	누구
نَه	na	아니, 아니오

어휘	발음	의미
نیست	nist	(그는/그녀는/그것은) …아니다, 없다

8과 어휘

어휘	발음	의미
مِداد	medād	연필
داری	dāri	(너는) …을 가지고 있다
بَله	bale	네
دارَم	dāram	(나는) …을 가지고 있다
قَلَم	qalam	펜
نَدارَم	nadāram	(나는) …을 가지고 있지 않다
مالِ	māle	~의 것
پَس	pas	그러면, 그래서

9과 어휘

어휘	발음	의미
ديروز	diruz	어제
هَوا	havā	날씨, 공기
بود	bud	(그는/그녀는/그것은) … 이었다, 있었다
بارانی	bārāni	비의, 비 오는
چَتر	chatr	우산
داشتی	dāshti	(너는) 가지고 있었다
داشتَم	dāshtam	(나는) 가지고 있었다
سَرد	sard	추운, 차가운
زیاد	ziyād	많은, 많이
نَبود	nabud	(그는/그녀는/그것은) …아니었다, 없었다.
اِمروز	emruz	오늘
آفتابی	āftābi	햇빛의, 화창한
گَرم	garm	따뜻한, 더운

10과 어휘

어휘	발음	의미
ساعَت	sā'at	시계, 시간, ~시
آره	āre	응
اَلان	alān	지금, 현재
چَند	chand	몇, 얼마의
دو	do	2
کِی	kei	언제
کِلاس	kelās	교실, 수업
سه و نیم	se o nim	3시 반
بَعد اَز ظُهر	ba'd az zohr	오후
تا	tā	~까지
دَه	dah	10
صُبح	sobh	아침, 오전

11과 어휘

어휘	발음	의미
پیراهن	pirāhan	셔츠
مردانه	mardāne	남성용의
برای	barāye	…을 위하여
می خواهید	mi khāhid	(당신(들)은) …을 원한다
می خواهم	mi khāham	(나는) …을 원한다
سفید	sefid	하얀, 흰색의
رنگ	rang	색, 색상
دیگر	digar	다른, 그 밖의
چرا	cherā	왜? (부정의문문에 대한 대답으로) 예
سیاه	siyāh	검은, 검은색의
صورتی	surati	분홍색의
آبی	ābi	푸른, 푸른색의
آبی رنگ	ābi rang	푸른색
قشنگ	qashang	예쁜
قیمت	qeimat	가격
قابلی ندارد	qābeli nadārad	괜찮습니다
۲۰۰۰۰ (بیست هزار)	bist hezār	20,000
تومان	tomān	토먼(이란의 화폐 단위)
یعنی	ya'ni	즉, 말하자면

어휘	발음	의미
۲۰۰۰۰۰ (دویست هزار)	devist hezār	200,000
ریال	riyāl	리얼 (이란의 화폐 단위)
گران	gerān	비싼
اصلاً	aslan	전혀, 근본적으로
جنس	jens	상품, 품질, 성별
را	rā	…을/를 (목적격조사)
می خرم	mi kharam	(나는) …을 산다/구입한다

12과 어휘

어휘	발음	의미
در	dar	…에, 에서
کجا	kojā	어디에, 어디에서
زندگی می کنی	zendegi mi koni	(너는) … 산다 / 살고 있다
تهران	tehrān	테헤란
زندگی می کنم	zendegi mi konam	(나는) … 산다 / 살고 있다
خانه ام	khāneam	나의 집
نزدیک	nazdik	가까운
میدان	meidān	광장
با	bā	…와 함께
خانه ات	khāneat	너의 집
سئول	se'ul	서울

어휘	발음	의미
زندگی نمی کنم	zendegi nemi konam	(나는) … 살지 않는다
قبلاً	qablan	전에, 이전에
فقط	faqat	단지, 오직
خواهرم	khāharam	나의 여자형제
روستا	roustā	시골
زندگی می کنند	zendegi mi konand	(그들은) … 산다 / 살고 있다

13과 어휘

어휘	발음	의미
فردا	fardā	내일
چندم	chandom	몇 번째(의), 며칠(의)
پنجم	panjom	다섯번째(의)
مارس	mārs	(서기력) 3월
چه کار می کنی	che kār mi koni	(너는) 무엇을 하니?
چه روزی	che ruzi	무슨 요일
شنبه	shanbe	토요일
روز	ruz	일(日), 낮, 요일
اول	avval	첫째의, 최초의
هفته	hafte	주(週), 일주일
آخر هفته	ākhare hafte	주말
پس	pas	그러면, 그래서
چند شنبه	chand shanbe	무슨 요일

어휘	발음	의미
تعطیل	ta'til	휴일, 휴가, 휴업
جمعه	jom'e	금요일
معمولاً	ma'mulan	보통, 일반적으로
استراحت می کنم	esterāhat mi konam	(나는) 휴식한다.

14과 어휘

어휘	발음	의미
سرگرمی	sargarmi	취미
تابستان	tābestān	여름
شنا	shenā	수영
زمستان	zemestān	겨울
اسکی	eski	스키
حتماً	hatman	반드시, 분명히
دوست دارید	dust dārid	(당신(들)은) 좋아한다
دوست دارم	dust dāram	(나는) 좋아한다
موردِ	mourede	…의 대상
علاقه	'alāqe	흥미, 애정
(به...)علاقه ندارم	(be…) 'alāqe nadāram	(나는) (…을) 좋아하지 않는다 (…에) 흥미가 없다
موسیقی	musiqi	음악
بیشتر	bishtar	더 많은, 더 많이
از	az	…로부터, …보다

어휘	발음	의미
ساز	sāz	악기
می زنید	mi zanid	(당신(들)은)…을 친다, 때린다, 연주한다
گیتار	gitār	기타
می زنم	mi zanam	(나는)…을 친다, 때린다, 연주한다
بسیار	besyār	매우, 많은, 다수의
عالی	‘āli	최고의, 높은, 훌륭한
به نظر من	be nazare man	나의 의견으로는
صدا	sedā	소리
بهترین	behtarin	가장 좋은
دنیا	donyā	세계, 세상
همینطور	hamintour	이처럼, 이와 같이
فکر می کنم	fekr mi konam	(나는) 생각한다
بعداً	ba’dan	뒤에, 나중에
برای	barāye	…을 위하여, …을 향하여

15과 어휘

어휘	발음	의미
الو	alo	여보세요
(با...) صحبت کنم	(bā…) sohbat konam	(나는) (…와) 이야기 하다 (가정형)
گوشی	gushi	전화 수화기 (전화상 대화에서) 기다리세요.
متشکرم	mote(a)shakkeram	(나는) 고맙습니다
کار	kār	일, 업무
خاصی	khāsi	특별한
خواستم	khāstam	(나는) 원했다
به راحتی	be rāhati	편히, 편하게
برسید	beresid	(당신(들)은) 도착하다 (가정형)
مهربان	mehr(a)bān	친절한
بعد از	ba'd az…	...한 후에
تعطیلات	ta'tilāt	휴일, 휴업 (تعطیل의 복수형)
همدیگر	hamdigar	함께, 서로
ببینیم	bebinim	(우리는) 만납시다 (가정형)

16과 어휘

어휘	발음	의미
ببخشید	bebakhshid	실례지만, 죄송합니다.
انقلاب	enqelāb	혁명
بروم (رفتن - رو)	beravam	(나는) 걸어가다 (가정형)
اتوبوس	otobus	버스
نمی دانم (دانستن - دان)	nemi dānam	(나는) 모른다
تا	tā	…까지
دور	dur	(거리가) 먼
پیاده بروید (پیاده رفتن - پیاده رو)	piyāde beravid	(당신은) 걸어가다 (가정형/명령형)
پیاده	piyāde	걸어서
چقدر	cheqadr	얼마나 많이
طول می کشد (طول کشیدن - طول کش)	tul mi keshad	(시간이) 걸린다
تقریباً	taqriban	대략
راه	rāh	길
نشان بدهید (نشان دادن - نشان ده)	neshān bedahid	(당신(들)은) 제시하다, 보여주다 (가정형/명령형)
مستقیم	mostaqim	직진의, 직접적인
چهار راه	chāhār rāh	교차로, 사거리
(از ...) رد شوید (رد شدن - رد شو)	(az…) rad shavid	(당신(들)은) (…을) 지나가다 (가정형/명령형)

어휘	발음	의미
اولین	avvalin	최초의, 처음의
کوچه	kuche	골목
سمت	samt	방향
راست	rāst	오른쪽, 올바른
بپیچید (پیچیدن - پیچ)	bepichid	(당신(들)은) (…을) 뒤틀다, 구부리다, 꺾다 (가정형/명령형)
باز هم	bāz ham	또 다시
متر	metr	미터
دست	dast	손
چپ	chap	왼쪽
راحت	rāhat	편안한, 안정된
پیدا کنید (پیدا کردن - پیدا کن)	peidā konid	(당신(들)은) (…을) 찾다 (가정형/명령형)

17과 어휘

어휘	발음	의미
خدمتکار	khedmatkār	종업원
نفر	nafar	사람, …명
بنشینید (نشستن – نشین)	beneshinid	(당신(들)은) 앉으세요 (명령형)
سفارش بدهم (سفارش دادن - سفارش ده)	sefāresh bedaham	(나는) 주문하다 (가정형)
میل دارید (میل داشتن - میل دار)	meil dārid	(당신(들)은) 좋아한다, 원한다
غذا	ghazā	음식
پیشنهاد کنید (پیشنهاد کردن - پیشنهاد کن)	pishnahād konid	(당신(들)은) 추천하다 (가정형)
اولین بار	avvalin bār	첫 번, 처음
رستوران	resturān	식당
آمدیم	āmadim	(우리는) 왔다
آمدن (آ)	āmadan	오다
تا	tā	(셈의 단위) …개
جوجه کباب	juje kabāb	주제캬법
بدهید	bedahid	(당신(들)은) 주다 (명령형)
لطفاً	lotfan	부디, 제발
سوپ	sup	수프
یا	yā	혹은, 또는
سالاد	sālad	샐러드
سالاد فصل	sālāde fasl	계절 샐러드

어휘	발음	의미
چشم	chashm	알겠습니다 / (사람의) 눈
برایتان (= برای شما)	barāyetān	당신(들)을 위해서
نوشیدنی	nushidani	마실 것
بیاورم (آوردن - آور)	biyāvaram	(나는) 가져오다 (가정형)
کولا	kola	콜라
آب معدنی	āb ma'dani	광천수, 생수
به زودی	be zudi	곧
آماده می شود (آماده شدن - آماده شو)	āmāde mi shavad	…이 준비된다
مرسی	mersi	고맙습니다

18과 어휘

어휘	발음	의미
خسته نباشید	khaste nabāshid	수고하십니다, 수고하셨습니다
بلیط / بلیت	belit	표, 티켓
ها	hā	…들 (복수형 어미)
عوض کنید (عوض کردن - عوض کن)	‘avaz konid	(당신(들)은) 교환하다 (가정형)
شیراز	shirāz	쉬라즈 (지명)
خریدم (خریدن – خر)	kharidam	(나는) 샀다, 구입했다
یک کمی	yek kami	약간
زودتر	zud tar	더 빨리, 더 빠른
حرکت کنم (حرکت کردن - حرکت کن)	harakat konam	(나는) 출발하다, 이동하다(가정형)
چک می کنم (چک کردن - چک کن)	chek mikonam	(나는) 확인한다
قطار	qatār	기차
صندلی	sandali	의자, 좌석
خالی	khāli	비어있는
عالی	‘āli	높은, 최고의
کنسل می کنم (کنسل کردن - کنسل کن)	kansel mikonam	(나는) 취소한다
جدید	jadid	새로운
بهتان (= به شما)	behetān (=be shomā)	당신(들)에게
مقصد	maqsad	목적지, 목적

어휘	발음	의미
دست شما درد نکند	daste shomā dard nakonad	고맙습니다

19과 어휘

어휘	발음	의미
خاص	khās	특별한
چرا	cherā	왜, 무슨 이유로
دعوت کنم (دعوت کردن - دعوت کن)	da'vat konam	(나는) 초대하다 (가정형)
راستی	rāsti	진실, 진실로, 그런데
تولدتان مبارک	tavallodetān mobārak	당신의 생일을 축하합니다
تولدتان (= تولد شما)	tavallodetān	당신의 생일
لطف دارید (لطف داشتن - لطف دار)	lotf dārid	(당신(들)은) 친절하시네요
دیگر	digar	다른, 그밖의
کی	kei	언제
به ما خوش می گذرد (خوش گذشتن - خوش گذر)	be mā khosh mi gozarad	우리에게 즐거운 시간이 될거에요
منتظرتان هستم (منتظر بودن - منتظر باش)	montazeretān hastam	(나는) 당신을 기다린다
می بینمتان (دیدن – بین)	mi binametān	(나는) 당신(들)을 만날 것이다

20과 어휘

어휘	발음	의미
با هم	bā ham	함께, 같이
سینما	sinamā	영화, 영화관
فیلم	film	영화
سانس	sāns	상영시간표
جشنواره	jashnvāre	축제
جایزه	jāyeze	상, 상품
گرفته است (گرفتن - گیر)	gerefte ast	(그것은/그는) 얻었다, 받았다 (현재완료)
کدام	kodām	어떤, 어느 쪽, 어느 것
شاید	shāyad	아마, 어쩌면
بعد	ba' d	다음에, 뒤에
نهار	nahār	점심식사
بخوریم (خوردن - خور)	bokhorim	(우리는) 먹자 (가정형/청유형)
همدگیر	hamdigar	함께, 같이
وارد ... بشویم (وارد شدن - وارد شو)	vārede.. beshavim	(우리는) …에 들어가자 (가정형/청유형)

어휘	발음	의미
باید	bāyad	…해야만 한다
جلوی	jeloye	…앞의
دیر	dir	늦은, 늦게
نگران نباشید (نگران بودن - نگران باش)	negarān nabāshid	(당신(들)은) 걱정마세요 (가정형/명령형)

زبان فارسی مقدماتی

이란어 입문

초판 인쇄	2016년 7월 1일
초판 발행	2016년 7월 8일
지은이	김영연 · 곽새라
발행인	김인철
총괄 · 기획	장지호 Director, University Press
편집장	신선호 Executive Knowledge Contents Creator
도서편집	김민정 Contents Creator
	진수연 Contents Creator
전자책편집	최인우 Chief e-Contents Creator
마케팅	곽용창 Chief Marketing Creator
재무관리	권미경 Chief Managing Creator
	김은혜 Managing Creator
발행처	한국외국어대학교 지식출판원
	02450 서울특별시 동대문구 이문로 107
	전화 02)2173-2493~7
	팩스 02)2173-3363
	홈페이지 http://press.hufs.ac.kr
	전자우편 press@hufs.ac.kr
	출판등록 제6-6호(1969. 4. 30)
디자인 · 편집	(주)이환디앤비 02)2254-4301
인쇄 · 제본	네오프린텍 02)718-3111

ISBN 979-11-5901-095-8 13790 정가 22,000원

*잘못된 책은 교환하여 드립니다.

HUINE은 한국외국어대학교 지식출판원의 어학도서, 사회과학도서, 지역학 도서 Sub Brand이다. 한국외대의 영문명인 HUFS, 현명한 국제전문가 양성(International +Intelligent)의 의미를 담고 있으며, 휴인(携引)의 뜻인 '이끌다, 끌고 나가다'라는 의미처럼 출판계를 이끄는 리더로서, 혁신의 이미지를 담고 있다.